Braunschweiger Kochbuch

Herausgeberin: Ilona Büttenbender
Umschlagfoto, Stilleben: Ute Karen Walter
Rezeptauswahl: Anne Wilhelm

BRAUNSCHWEIGER KOCHBUCH

Ein kulinarisches Lesebuch

Mit vielen Rezepten, Fotografien
und Geschichten
aus Stadt und Land

Verlag Michael Kuhle
Braunschweig
1993

Rezepte und Erinnerungsfotos aus der Braunschweiger Bevölkerung, aus gedruckten und handgeschriebenen Kochbüchern

Eine Weihnachtsgeschichte
von Margret Rettich

Ausgewählte Texte von Peter Lufft, Alphons Freiherr Knigge, Stendhal, Wilhelm Busch, Joachim Ringelnatz, Christine Brückner u. v. a. mehr

Historische Fotografien von Käthe Buchler
Stilleben, fotografiert von Ute Karen Walter
Ansichtspostkarten: Sammlung Nothdurft

Der Abdruck »Neue wahre Weihnachtsgeschichte« von Margret Rettich erfolgt mit freundlicher Genehmigung des Verlages Annette Betz, Wien
Der Abdruck des Gedichtes »Im See« von Joachim Ringelnatz erfolgt mit freundlicher Genehmigung des Henssel Verlages, Berlin

Für die Mithilfe bei der Drucklegung dieses Buches danken wir den Städtischen Bibliotheken Braunschweig

2. Auflage 1993

Verlag Michael Kuhle · 38102 Braunschweig · Ottmerstr. 7
Gesamtherstellung: Halberstädter Druckhaus, Lichtengraben 4-5

ISBN 3-923696-40-X

Die Braunschweiger Küche

EIN KULINARISCHES VORWORT

Der Mensch ist, was er ißt

Ludwig Feuerbach

Ich weiß nicht mehr genau, wann das eigentlich angefangen hatte. Eines Tages jedenfalls stellte ich fest, daß ich in Braunschweig zu Hause war. Gewiß – nicht beeidigt durch den Geburtsort, nicht nachgewiesen durch eine lange Familientradition, aber mit untrüglichen kleinen Zeichen belegt. Ich freute mich über das flirrende Sommerlicht in unserem Garten mit seinem hohen Gingko-Baum, den zarten Heckenrosen und den kräftigen, weißen Margaritenbüschen, über die träg dahinfließende Oker und die ernstblickenden Herzöge auf ihren wilden Pferden. Wenn ich an den vielen kleinen Löwen auf dem Burgplatz vorbeieilte in Richtung Altstadtmarkt, wurde – besonders an Markttagen – das Heimatgefühl geradezu überwältigend: Zwischen Kraut und Rüben, zwischen Spargel und Kartoffeln schnupperte ich kulinarisch bedingte Bodenständigkeit, die mich in Niedersachsen festhält. Keine Brise aus der weiten Welt kann mich mehr begeistern als der Duft nach Petersilie und Heidekartoffeln, nach Zuckerrüben und modrigen Pilzen. Schon lange habe ich Freundschaft geschlossen mit Kohl und Korn, Kürbis und Kartoffel. An den üppig gedeckten Tischen der Braunschweiger Freunde lernte ich die Köstlichkeiten der regionalen Küche kennen. Zaghaft zunächst, immer mißtrauisch die eigentümlich gelbweißen Welfenspeisen, braunen Biersuppen, deftigen Schlachteplatten kostend, erfuhr ich paradiesische Gaumenfreuden: Die himmlische Botschaft kam stets aus der Küche der Experimentierfreudigen, die keine Mühen scheuten, Regionales mit den Errungenschaften der feinen, neuen Küche zu würzen.

Natürlich duftet es auch hier inzwischen verlockend nach Basilikum, Majoran, Thymian und Salbei. Toscana-Spezialitäten und französisches Savoir-vivre, griechische Gastfreundschaft und Leckerbissen aus türkischem Honig, all dies hat unsere niedersächsischen Lebensgewohnheiten bereichert. So bekommt der Heidschnuckenrücken einen Hauch Knoblauch, die Brokkolisuppe viel Crème fraîche und die Zitronentorte einen Campari-Schwips.

Dieses Braunschweiger Kochbuch dokumentiert nicht nur die Tafelfreuden vergangener Tage, sondern auch Gastlichkeit, Kultur und Lebenslust in der Braunschweiger Region.

Die »Braunschweiger Küche« – ein Aufruf und seine Folgen

Vom Steckrübensalat bis zum Spargelbrötchen, von Riddagshäuser Forelle bis zum Heidschnuckenrücken im Wirsingmantel reicht die Auswahl an heimischen Delikatessen. Und wer die Wahl hat … muß sich entscheiden. Um eine möglichst vielfarbige Palette der Braunschweiger Küche zu zeigen, mußte sorgsam ausgewählt werden. Das Studium der Rezepte ergab u. a.: Der Sonntagsbraten wurde bereits 1880 mit eben soviel Fantasie und Liebe zubereitet wie heute, zum Dessert aber wurden beispielsweise viel mehr Eier gebraucht. Doch nicht nur in Rezepten findet sich der kulinarische Zeitgeist wieder. Die literarischen Hinweise und zeitgenössischen Anmerkungen reichen bis ins 16. Jahrhundert zurück, vor allem das Loblied auf die Mumme hat Tradition.
Vielen Dank allen, die sich an diesem Spiegelbild der Küchentradition beteiligten und die ihre Lieblingsspeise, ein überliefertes Kriegsgericht oder das typische Familienrezept aus längst vergangenen Tagen aufgeschrieben haben. Sie alle haben mitgewirkt, direkt oder indirekt, mit Hinweisen, Rezepten, Fotos und Dokumenten, daß dieser Teil der Braunschweiger Geschichte lebendig bleibt.
Vielen Dank aber auch jenen, die mit ihrer Professionalität an der kulinarischen Weiterentwicklung der Region teilhaben. Es war ein besonderes Vergnügen, mit den Küchenchefs exquisiter Gastronomie das Vorurteil zu entkräften, in Braunschweig würden die Schätze nur im Verborgenen blühen.
Nicht zu vergessen die archivarischen und literarischen Vorlagen, bei deren Lektüre mir stets das Wasser im Munde zusammenlief und die als »Salz in der Suppe« die Historie würzen. Warum Stendhal nur so viel zu kritisieren fand? Gewiß, es gab magere Jahre, auch davon handelt dieses Kochbuch, nicht zuletzt dokumentiert durch die beeindruckenden Fotografien von Käthe Buchler, die die Not des ersten Weltkriegs widerspiegeln. Doch heute wäre Stendhals Reise nach Braunschweig sicherlich ein grandioser kulinarischer Erfolg, begleitet z. B. vom Kaninchen à la minute, von grünem Spargel und feinem Preiselbeerkuchen.
Wenn Ludwig Feuerbachs Wort »Der Mensch ist, was er ißt« Bestand hat, dann können die Braunschweiger ganz stolz über ihre Spargelfelder blicken – schließlich wächst dort der »Ruhm von Braunschweig«, Jahr für Jahr.

Ilona Büttenbender

DIE REISE NACH BRAUNSCHWEIG 1792

Abentheuer des ersten Tages ...

So gieng die Zeit hin, bis gegen Mittag, da die Gesellschaft in ein Dorf, eine Meile von Hildesheim kam, wo man dann Anstalt machte, Pferde und Menschen mit einem ordentlichen Futter zu versehn, weil man da wohlfeiler zu zehren hoffte, als in der bischöflichen Residenz. Man fragte die Wirthinn, was sie auf den Tisch liefern könnte und bekam Anweisung auf eine Bier-Suppe und ein großes Stück frisch gekochtes Pöckel-Fleisch; Der Herr Amtmann aber vergrößerte diesen Küchenzettel durch Bestellung eines dicken Pfannekuchens. Indeß nun zu diesem letztern Anstalt gemacht wurde, worüber wohl eine Stunde verstrich, weil die Pfanne nicht sogleich zu finden war, indem der Knecht dieselbe gebraucht hatte, um darinn einen warmen Umschlag für eines der Pferde zu bereiten, entstand in der Schlafkammer des Wirths ein fürchterlicher Lerm und Zank. Der Herr Pastor glaubte Beruf zu haben, zu versuchen, ob hier nicht das Amt eines Friedensstifters übernehmen könnte, und gieng in das Zimmer. Er fand den Hausherrn äußerst ergrimmt über sein Eheweib, welches, um das geräucherte Rindfleisch, das den angekommenen Gästen vorgesetzt werden sollte, warm zu halten, ihres Mannes ledernes Beinkleid darüber gedeckt hatte. Er hatte es eben anziehn wollen und nun fand er es ausgespannt und rauchend.

Man kann sich leicht vorstellen, daß alle diese Zubereitungen zu dem bestellten Gastmahle unsern Reisenden nicht viel Apetit erweckten. Sobald daher die Rosse gefüttert waren, ließ man wieder anspannen, und die Gesellschaft fuhr fort nach Hildesheim, wo sie in dem berühmten Gasthofe des Herrn Lauenstein abtrat, den sie im Schlafrocke, eine Pfeife in der Hand und eine graue Mütze auf dem Haupte, im Vorplatze spazierend antrafen. Da man noch zeitig genug zu dem folgenden Nachmittag angekündigten aerostatischen Schauspiele im Braunschweig seyn konnte, wenn man Sonntags früh aus Hildesheim fuhr, und das Mittags-Essen in Peina einnahm; so beschloß man, bis zum anderen Morgen in jener merkwürdigen Stadt zu verziehn; Die Pferde wurden zurückgeschickt, weil sie in der Erndte nöthig waren, und man bestellte sich Postpferde...

Adolph Freiherr Knigge: »Die Reise nach Braunschweig« nach der Erstausgabe herausgegeben von Paul Raabe. Kassel 1972

VORSPEISEN UND SALATE

Chicoreesalat mit Bananen und Clementinen

4 mittelgroße Chicoréestangen
2 Bananen
2 Clementinen
1 Becher Sahnejoghurt
2 Eßlöffel Crème fraîche
1 Eßlöffel Honig
Salz, weißer Pfeffer

Für 4–6 Personen

Chicorée waschen, in Streifen schneiden. Bananen in Scheiben schneiden, Clementinen zerteilen und jeden Schnitz halbieren. Aus Joghurt, Crème fraîche, Honig, Salz und Pfeffer eine Sauce bereiten und über Chicorée, Banane und Clementinenscheiben geben. Gut mischen und 1 Stunde durchziehen lassen.

Rezept aus Wendeburg

Reden auf Vegetarier-Banketten sind erfreulich kurz, weil man Angst hat, daß sonst das Essen verwelkt.
Mario Adorf

Eisbergsalat mit Champignons und Krabben

300 g Nordseekrabben
Zitrone
1/4 Kopf Eisbergsalat
200 g Champignons
3 Eßlöffel Weinessig
150 g Crème fraîche
Salz, weißer Pfeffer, Zucker
2 Bund Schnittlauch

Für 4–6 Personen

Krabben kurz unter dem fließenden Wasser abspülen, Eisbergsalat putzen, waschen, zerteilen. Salatsauce aus Essig, Crème fraîche, Salz, Pfeffer, Zucker und Schnittlauch mischen. Champignons waschen, putzen und in feine Scheiben schneiden. Die Salatsauce zunächst nur über die Champignons gießen und 1 Stunde durchziehen lassen. Dann erst den Eisbergsalat und die Krabben darunterheben. Am Schluß Zitronensaft drüberträufeln.

Rezept von Suzie Dörfler

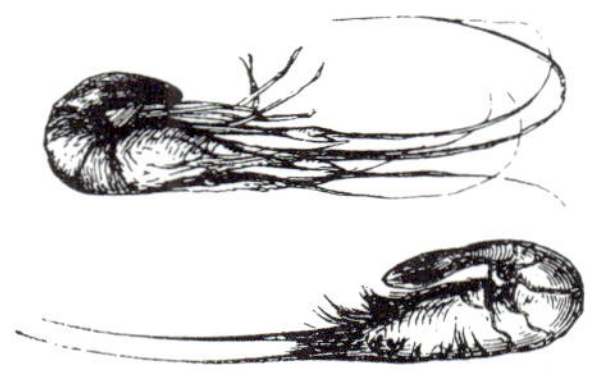

Kartoffel-Steckrübensalat mit Speck

75 g Speck
250 g Steckrüben
250 g Kartoffeln, festkochend
1 Möhre
1 Essiggurke
1 Zwiebel
Zitronensaft
4 Eßlöffel Crème fraîche
4 Eßlöffel Joghurt
weißer Pfeffer, Salz

Für 4–6 Personen

Eigentlich ein Gericht aus Notzeiten, aber der feine Speck adelt die Steckrübe zeitgemäß.

Speck in kleine Würfel schneiden und braten, dann abtropfen lassen. Steckrüben und Kartoffeln garen, anschließend in Scheiben schneiden. Möhre raspeln, Zwiebel in Ringe schneiden und alles zusammen vermischen und mit Zitronensaft beträufeln. Für die Sauce Crème fraîche, Joghurt, Essiggurke (kleingeschnitten) mischen und über den Salat geben. Anschließend die Speckwürfel darüber verteilen.

Heinrich's Rezept aus Baddeckenstedt

Frauen und Mädchen vom „Rettungshaus“ beim Apfelschälen (um 1913)
(Foto: Käthe Buchler)

Zuckerschoten-Erbsen-Salat mit Mandelplättchen

500 g Zuckerschoten
1 Paket Perlerbsen (TK)
Salz
2 Eigelb
1 Teelöffel Senf
2 Teelöffel Zitronensaft
weißer Pfeffer
200 ccm Öl
200 g Schlagsahne
100 g Mandelplättchen

Für 4–6 Personen

Anne fecit. Eine Delikatesse!

Zuckerschoten putzen und waschen, zusammen mit den noch gefrorenen Erbsen in reichlich kochendes Salzwasser geben und 1 Minute kochen lassen, danach sofort herausnehmen und kurz in Eiswasser abschrecken, in einem Durchschlag abtropfen und abkühlen lassen. Eigelb mit Senf, Zitronensaft, Salz und Pfeffer gründlich vermischen, das Öl mit den Quirlen vom Handrührgerät vorsichtig unterrühren bis eine dickliche Mayonnaise entsteht. Sahne unter die Mayonnaise rühren. Falls erforderlich, noch mit Salz, Pfeffer oder Zitronensaft nachwürzen.

Mit den Mandeln bestreuen, einige Zeit durchziehen lassen.

Porreesalat mit Lachs

500 g Porree
300 g graved Lachs
1 Apfel
4 Eßlöffel Crème fraîche
4 Eßlöffel Joghurt
1 Eßlöffel Senf
Salz, Pfeffer, Zucker
150 g Möhren

Für 4–6 Personen

Porree putzen und waschen, die dunkelgrünen Teile entfernen. Die zarten, weißen Teile in dünne Ringe schneiden und nochmals waschen, je grüner die Lauchstangen werden, desto härter sind sie, also diese Teile leicht blanchieren.

Möhren putzen und raspeln, Apfel ebenso. Für die Sauce alle Zutaten mischen und über den Porree geben. Ziehen lassen.

Kurz vor dem Servieren Lachs in Streifen schneiden und garnieren.

Rezept von Hans Erfurth

Ein köstliches Abendessen mit Vollkornbrot oder Toast.

Frisee mit Speck und Walnüssen

1 großer Kopf Frisée-Salat
100 g durchwachsener Speck
2 Eßlöffel Kräuteressig, eventuell etwas mehr
3 Eßlöffel Walnußöl, eventuell etwas mehr
1 Teelöffel Senf
100 g Walnüsse
Zucker, wenig Salz, Pfeffer

Für 4 Personen als Beilage

Den Speck würfeln und in der Pfanne anbraten, abtropfen lassen. Aus Essig, Salz, Zucker, Pfeffer, Öl und Senf eine Salatsauce mischen. Den Frisée waschen, klein rupfen und in der Salatschleuder »trocknen«. Sauce darübergießen, dann lauwarme Speckwürfel und Walnüsse dazu. Sofort servieren.

Rezept von Karlheinrich Weghorn

WOCHENMARKT UND KOCHREZEPT

Peter Sylvester (Peter Lufft) leidenschaftlicher Koch und amüsanter Gesellschafter, beobachtete in den fünfziger Jahren nicht nur das theatrale Geschehen auf der Bühne im Staatstheater sondern auch den Wochenmarkt – beides, die Theaterkritik und die Marktpreise, gewürzt mit einem Kochrezept, veröffentlichte er in der Braunschweiger Zeitung oder auch als kulinarische Plaudereien in der »Süddeutschen Zeitung« und in der Tageszeitung »Die Welt«.

In diesen Wochen hat der Markt, besonders jener der Altstadt, einen sehr südländisch gestimmten Charakter. Flammende Gladiolen, das Stück zwischen 5 und 10 Pf., sprühende Astern zu 30 am Stil und zu 50 Pfennig im Topf, glühende Nelken, das Stück zu 6 Pf., beherrschen unter ausgebreiteten bunten Schirmen den Marktrand. Die holländischen und die eigenen Tomaten haben sich inzwischen im Preis einander genähert. Sie liegen zwischen 30 und 50 Pf. pro Pfund. Gurken werden je nach Größe in allen Preislagen von 8 bis 15 Pf. feilgeboten. Dazu gibt es Gewürze, vor allem große Büsche von Dill. Salat wieder frisch und nußartig kostet pro Kopf 15 Pf. Auch feiner Spinat ist frisch und sauber vorhanden ohne viel Abfall und wird mit nur 20 Pf. angeboten. Grüne Bohnen 30 bis 35 Pf., Zwiebeln die kleinen 20, die größeren 35. Weißkohl kostet 8, Blumenkohl pro Kopf 50 und 60 Pf. Mohrrüben pro Bund oder pro Pfund 15 Pf. Kartoffeln 10 Pfund 75 Pf. Eier liegen zwischen 23 und 26 Pfennigen. So treu wie letzthin die blauen Heidelbeeren, sind jetzt die roten Preiselbeeren oder Kronsbeeren. Sie kosten 65 Pf. pro Pfund. Pflaumen 10 bis 25 je nach Sorte und Qualität. Pfirsiche 65 bis 75. Äpfel um 30, Gravensteiner 50, Schmalzbirnen 20, feinere Sorten 35 Pf. Trauben 65, Zitronen sehr klein, aber konzentriert 2 Stück 15 Pfennige.

Ein bunter Salat

Der schönste Salat des Spätsommers, der auch eine Freude fürs Auge ist, ist folgender: Tomaten mit Peperoni vermischt. Ich überbrühe die Tomaten vorher, damit ich die Haut besser abziehen kann. Auf dem Wochenmarkt finde ich auch gezüchtete Tomaten von eigelber Farbe. Ich kaufe außerdem Pfefferschoten, entferne die Samenkerne, wie hier neulich beschrieben; überbrühe auch sie, schneide sie in Streifen und mische die grünen Pfefferschotenstreifen mit den roten und quittegelben Tomatenscheiben und bereite dazu eine Salatsauce mit einem Schuß Zucker. Das Ganze schmeckt herb, sauersüß, scharf und herbstlich frisch. Probieren Sie es auch!

Peter Sylvester

Sauerkrautsalat mit Rosinen

400 g rohes Sauerkraut
1/8 l Weißwein
1/8 l Schlagsahne
3 Eßlöffel Zucker
100 g Rosinen

Für 4 Personen als Beilage

Sauerkraut mit der Gabel lockern. Aus Sahne, Wein, etwas lauwarmem Wasser, Zucker und Rosinen eine Sauce herstellen. 1 Stunde stehen lassen, dann über das Sauerkraut geben und nochmals 1 Stunde ziehen lassen. Bei Bedarf noch ein wenig Wein dazugießen.

Rezept von Claudia Neuhoff

Kartoffelsalat mit Gurke

Für 4 Personen

500 g festkochende Kartoffeln
1 grüne Gurke
1/8 l Fleischbrühe (Instant)
4 Eßlöffel Kräuteressig
3 Eßlöffel Sonnenblumenöl
1 Zwiebel
Pfeffer, Salz, Zucker
Schnittlauch

Die Kartoffeln waschen, mit Schale kochen, bis sie »bißfest« sind. Die Fleischbrühe mit Essig, Öl, Zwiebel, Salz und Pfeffer vermischen. Zucker nach Belieben hinzufügen. Dann die Kartoffeln schälen und in feine Scheiben schneiden, die Gurke mit dem Gurkenschneider ebenfalls in Scheiben schneiden und alle Zutaten vorsichtig mit der Sauce übergießen. Etwas ziehen lassen, aber noch lauwarm essen. Kurz vor dem Servieren mit Schnittlauch würzen.

Rezept von Hermine Vogelgsang

Möhrensalat mit Entenbrust

250 g Möhren
4 Eßlöffel Olivenöl
8 Eßlöffel Zitronensaft
1 Knoblauchzehe
Zucker, Salz, Pfeffer
300 g Entenbrustfilet

Für 4–5 Personen

Möhren fein raspeln, mit der Sauce aus Olivenöl, Zitronensaft, gepreßtem Knoblauch, Gewürzen vermischen.

Entenbrustfilet abhäuten, in feine Streifen schneiden und in einer Pfanne ohne Fett knusprig ausbraten. Das Fleisch anschließend mit Pfeffer und Salz würzen und im eigenen Fett bei mittlerer Hitze 5 Minuten braten. Dann 5–10 Minuten stehen lassen, anschließend auf den Möhrensalat verteilen und sofort servieren.

Rezept von Inge Hornburg

Batavia mit Roquefortkäse

2 kleine Köpfe Bataviasalat
150 g Roquefort
3–4 Eßlöffel Balsamessig
4 Eßlöffel Olivenöl
1 Teelöffel Senf
1 hartgekochtes Ei
Pfeffer, Salz, Zucker
Schnittlauch

Bataviasalat waschen und abtropfen lassen. Aus Essig, Öl, kleingehacktem Ei, Senf, Pfeffer, Salz und Zucker eine Vinaigrette rühren und mit dem Salat vermischen. Anschließend die Roquefortstückchen darauf verteilen und mit Schnittlauch garnieren. Sofort servieren.

Rezept von Angelika Welzel

Dieses Rezept und der Vorschlag für den Heringssalat stammen aus dem Haus der Großeltern, die im Herzogtum Braunschweig, im Harzvorland, wohnten. Beide Salate sind einfache bäuerliche Gerichte aus Zutaten, die man für gewöhnlich im Garten erntete und den Winter über einkellerte. Der »Wintersalat« stand öfter auf dem Tisch, der Heringssalat blieb ausschließlich dem Heiligabend vorbehalten. So ist es auch in den nachfolgenden Generationen bis heute geblieben.

Wintersalat

3 Knollen Rote Bete
3 säuerliche Äpfel
3 Gewürzgurken
1 kleine Sellerieknolle
3 Kartoffeln
1 große Zwiebel
Salz und Pfeffer
Saft einer Zitrone
1 kleinen Becher Crème fraîche
1 Eßlöffel Meerrettich
1 Eßlöffel Senf
Kräuter (am besten Dill)

Für 4–6 Personen, je nachdem was folgt.

Die nicht allzu weich gekochten Rote Bete, Kartoffeln und den Sellerie sowie die Äpfel, Gurken und Zwiebel grob raspeln, mit den Gewürzen abschmecken und durchziehen lassen. Erst vor dem Servieren die Sahne unterheben und mit den Kräutern bestreuen. Dieses Gericht eignet sich sowohl als Vorspeise als auch, mit einem Butterbrötchen, als einfaches Abendessen.

Rezept von Renate Paulmann

Heringssalat

5 Matjesfilets
3 große Äpfel
3 Gewürzgurken
3 Pellkartoffeln
3 hartgekochte Eier
200 g Fleischwurst
1 kleinere, nicht allzu weich gekochte Sellerieknolle
2 Eßlöffel Kapern
wenig Salz, Pfeffer, Dill
1 großer Becher stichfeste saure Sahne
Saft von 3 Zitronen
1Eßlöffel Meerrettich
1Eßlöffel Senf
1 Prise Zucker

Alle Zutaten fein würfeln, mit Gewürzen und Dill abschmecken und einen halben Tag durchziehen lassen. Die Sahne mit Zitronensaft, Senf, Meerrettich, Zucker und Salz verquirlen und erst vorm Servieren unterziehen.

Lauwarmer Linsensalat mit Walnüssen

200 g Linsen, möglichst kleine
1 Eßlöffel Crème fraîche
100 g Walnußhälften
100 g Rote Bete
1 Apfel
2 Eßlöffel Walnußöl
3 Eßlöffel Balsamessig
Thymian, Pfeffer, Salz
2 Eigelb

Für 4 Personen

Linsen einige Zeit einweichen, Thymian dazugeben. Ca. 30–50 Minuten kochen lassen, bis sie weich sind, aber noch Biß haben. Eier hartkochen, das Eigelb mit Salz und Pfeffer würzen, vorsichtig zerkleinern. Die Rote-Bete-Knolle schälen, in feine Streifen schneiden und in der Pfanne im Walnußöl kurz wenden, die Linsensprossen dazugeben, am Schluß den geraspelten Apfel ebenfalls in der Pfanne kurz erwärmen. Mit Essig, Salz und Pfeffer würzen.

Die Hälfte der Walnüsse kleinhacken, diese mit den Linsen und den Rote-Bete-Scheiben und dem Apfel auf einer Platte hübsch anrichten und zuletzt das gehackte Ei und die Walnußhälften darauf dekorieren.

Rezept von Andrea Stadlinger

Grüner Salat mit Krabben und Kresse

Eine Salatsauce aus Zitronensaft, Essig, Salz, Pfeffer, Schnittlauch, Petersilie und Öl rühren. Krabben dazugeben und alles kühl stellen. Die geputzten Frühlingszwiebeln (oder Lauchstange) in ganz dünne Ringe schneiden. Den Salat gut waschen und abtropfen lassen (oder in der Salatschleuder trockenschleudern) und in Streifen schneiden. Unmittelbar vor dem Servieren Lauch- oder Frühlingszwiebelringe und Salatstreifen unter die Krabben mischen.

Rezept von Anne Wilhelm

1–2 Eßlöffel Zitronensaft
1–2 Eßlöffel Weißweinessig
Salz
Pfeffer aus der Mühle
1 Beet Kresse
1 Bund Schnittlauch, fein gehackt
1 Bund Petersilie, fein gehackt
4 Eßlöffel Olivenöl
200 g Krabben
200 g Frühlingszwiebeln oder Lauch
200 g grüner Blattsalat

Für 4 Personen

Schwarzer Herzog

4 Scheiben Schwarzbrot
1 Kopfsalat
4 Eier
1 Eßlöffel Kapern
1 Eßlöffel Petersilie (feingehackt)
2 Eßlöffel Sahne
Salz, Safran
1 Eßlöffel Schnittlauch (feingehackt)

– Vorspeise zum Welfenmenü –

Einen mittleren Teller mit grünem Salat belegen (für das »saftige Braunschweiger Land«) und darauf je eine Scheibe Schwarzbrot (Sinnbild des «Schwarzen Herzogs«) legen. Hartgekochte Eier vorsichtig halbieren, Eigelb herausnehmen. Eine Creme aus hartgekochten Eiern (nur das Eigelb verwenden), Kapern, Petersilie, Sahne, Salz und Safran rühren. Die Creme muß ganz gelb sein.

Die Scheibe Schwarzbrot mit Butter bestreichen und feingeschnittenen Schnittlauch darüberstreuen, die hartgekochten Eiweiße mit der Creme füllen und auf die Scheibe Schwarzbrot legen.

Rezept von Regina Göhnermeier

Ein teutscher Original-Roman und ein teutsches Original-Schauspiel sind sehr geschmacklos, wenn nicht darinn von Mahlzeiten die Rede ist, und je weniger oft der Autor selbst zu verzehren hat, desto herrlicher läßt er die Personen seiner Schöpfung speisen und tränken.

Adolph Freiherr Knigge: „Die Reise nach Braunschweig“ nach der Erstausgabe hrsg. von Paul Raabe. Kassel 1972

SPARGEL – DER RUHM VON BRAUNSCHWEIG

Spätestens seit der Entdeckung des Spargels durch die Griechen und Römer in der Antike war der kulinarische Siegeszug dieser Braunschweiger Spezialität vorherbestimmt. Aristophanes widmete dem delikaten Sproß des Liliengewächses einige Verse und viele Gourmets nach ihm etliche Freudenjauchzer. Ende April, Anfang Mai, je nach der guten Laune des Wettergottes, werden die Spargelstecher in Walle und Veltenhof, in Watenbüttel und Wolfenbüttel unruhig. Gilt es doch, die rühmlichste aller Spargelsorten ans Licht des Tages zu befördern. Schließlich heißt die beste Sorte »Ruhm von Braunschweig«, neben der südlichen Konkurrenz »Schwetzinger Meisterschuß« die feinste Gaumenverführung überhaupt.

Wenn sich in den glatten Sandhügeln erste, feine Risse zeigen, ist die Saison eröffnet, bis zum Johannistag am 24. Juni darf gestochen werden. Alles übrigens streng nach preußischem Gardemaß bis 22 cm, der Rest wird abgeschnitten. Über die Zubereitung haben sich schon die besten Freunde entzweit. Die einen mögen ausschließlich Spargel mit Schinken, Butter und Kartoffeln, die anderen bevorzugen dazu panierte kleine Schnitzel oder auch delikate Pfannkuchen (dies vor allem die »zugereisten« Braunschweiger). Und gar andere noch wollen den Spargel grün, wenn er farbenfroh animiert das Licht der Welt erblickt.

Die klassische Art, den Spargel zu genießen.

Notiz zu Braunschweig

Von Altersher berühmt durch Heinrich den Löwen, den »Heldenherzog Friedrich Wilhelm«, Wurst und Honigkuchen. Neuerdings durch den Spargel – und Wilhelm Raabe

Wilhelm Raabe 1902 in seinem Noitzbuch

SPARGEL

RUHM VON BRAUNSCHWEIG

Pro Person nimmt man ein Pfund zarten, weißen Braunschweiger Spargel, schält ihn nicht zu sparsam und bündelt ihn wieder nach Pfunden.

Die Bündel legt man in kochendes Salzwasser, mit einer Prise Zucker und einem Stück guter Butter.

Darin läßt man den Spargel 18–20 Minuten nur sieden, damit die zarten Köpfe nicht zerfallen. Danach richtet man ihn auf einer Spargelplatte an und serviert ihn mit brauner Butter und neuen Heidekartoffeln.

Gemüsefrau vor der Martinikirche (um 1906)
(Foto: Käthe Buchler)

»Fromme Helene« Grüne Spargelsülze mit Ei

500 g grüner Spargel
1/4 l Gemüsebrühe
Salz, Pfeffer, Zucker
1/4 l Weißwein, trocken
5 Blatt weiße Gelatine
4 hartgekochte Eier
1 Bund Schnittlauch
1 Bund glatte Petersilie

Für 4 Personen

Rezept aus Lucklum

Mit Korianderbrot, Remouladensauce und trockenem Weißwein eine hervorragende Vorspeise.

Spargel waschen (nicht schälen, denn grüner Spargel kann so gegessen werden), die Enden abschneiden und in der Gemüsebrühe 20 Minuten garen. Nicht ganz weich kochen. Nach dem Abkühlen in 3 cm lange Stücke schneiden. Den Gemüsesud mit Weißwein mischen und mit Salz, Zucker und Pfeffer würzen. Die Gelatine in kaltem Wasser einweichen, Eier in Scheiben schneiden. Die Gelatine ausdrücken, in die Gemüsebrühe geben und unter ständigem Rühren langsam erwärmen, bis sie sich ganz aufgelöst hat. Inzwischen Spargelstücke, Eischeiben, Schnittlauch und Petersilie (kleingeschnitten) in einer Schüssel vorsichtig schichten und mit der Gemüsebrühe übergießen. Die Sülze muß vier Stunden im Kühlschrank erstarren, bis sie aus der Schüssel gestürzt werden kann (zuvor ganz kurz in heißes Wasser tauchen).

Spargelsalat spezial

Spargel sorgfältig von den Köpfen zum Stielende schälen und die Enden abschneiden. Spargel in ca. 3 cm lange Stücke schneiden und in kochendem Wasser garen. Wasser zuvor mit Salz und Zucker würzen. Tomaten in Scheiben schneiden, hartgekochte Eier mit dem Eierschneider in Scheiben schneiden. Spargel abtupfen und abkühlen lassen. In eine Glasschüssel abwechselnd Tomatenscheiben, Eischeiben und Spargelstücke hübsch einschichten.

Aus dem Spargelwasser mit Essig, Öl, Salz, Pfeffer, Zucker eine Salatsauce mischen, vorsichtig über die eingeschichteten Zutaten gießen. Die Sauce muß alles bedekken, den Salat nicht mehr mischen, sondern durchziehen lassen. Mit Eischeiben, Spargelköpfen und Petersilie verzieren.

Rezept von Annemarie Fischer

500 g Spargel
500 g Tomaten
6 hartgekochte Eier
Essig, Öl, Salz, Pfeffer,
Zucker, Petesilie

Für 4 Personen

Spargelpudding

Spargel in fingergliedlange Stücke schneiden. Die Sahne zu Butter rühren, mit Schinken, Eier, Salz, Pfeffer und geriebenem Käse vermengen. Einige Schinkenwürfel für die Dekoration übrigbehalten. Die Masse in einer Puddingform $2^1/_2$ Stunden im Wasserbad kochen. Form stürzen. Den Pudding mit brauner Butter begießen und mit dem restlichen Schinken dekorieren.

Rezept von Brigitte Zerbst

Ein Vorkriegsrezept,
das umwerfend gut schmeckt!

1 kg mitteldicke Spargel
100 g Sahne
3 Eßlöffel Mehl
3 Eßlöffel fein gewiegten
rohen Schinken
6 Eier
2 Eßlöffel Parmesankäse
(oder sonstigen
geriebenen Käse)
Salz, Pfeffer

Für 4 Personen

Braunschweiger Spargelbrötchen

20 Spargelköpfe
50 g Butter
wenig Mehl
Petersilie, Salz
1 Tasse Kalbfleischbrühe
4 kleine Milchbrötchen
Schmalz
2 Eigelb
3 Eßlöffel süße Sahne

Für 4 Personen

Rezept aus einem handschriftlichen Braunschweiger Kochbuch um 1910

Sind ein vorzügliches Eingangsgericht und leicht herzustellen.

Man kocht die Spargelköpfe in Salzwasser, bereitet alsdann einen dicken Beiguß aus Butter, Mehl, wenig gewiegter Petersilie und einer Tasse Kalbfleischbrühe, sowie dem nötigen Salze. Man erhitzt den Spargel in dem Beiguß, zerquirlt 2 Eigelb mit 3 Eßlöffel süßer Sahne und wenig Zukker mit dem Gemüse und füllt dasselbe in kleine ausgehöhlte Milchbrötchen, von denen man die Rinde abgeschnitten hat. Diese Rinden bindet man als Deckel fest, weicht die Brötchen einige Minuten in Milch und bäckt sie in Schmalzbutter leicht braun.

Spargeltopf mit Hähnchen

$1\frac{1}{2}$ kg Spargel
2 l Wasser
1 Teelöffel Salz
500 g Hähnchenbrustfilet
1 Eßlöffel Butterschmalz
1 Eßlöffel Butter
1 gehäuften Eßlöffel Mehl
$\frac{1}{8}$ l Milch
Salz, Pfeffer, Schnittlauch
1 Eigelb
5 Eßlöffel Crème fraîche

Für 4 Personen

Spargel schälen und 15 Minuten in kochendem Wasser garen. Hähnchenbrust waschen, trockentupfen und in 3 cm große Würfel schneiden. Im Butterschmalz 6 Minuten braten. Fleisch aus der Pfanne nehmen, Spargel abtropfen lassen, 1 Tasse Spargelwasser beiseite stellen. Butter in einem Topf zerlassen, Mehl hineinstäuben, hellgelb anbraten. Nach und nach mit der Milch aufgießen und soviel Spargelwasser dazugeben, daß eine sämige Sauce entsteht. Mit Salz und Pfeffer abschmecken und unter ständigem Rühren 10 Minuten leicht kochen. Spargel in 4 cm lange Stücke schneiden und mit dem Fleisch in die Sauce geben. Eigelb mit Crème fraîche verrühren und unter die Sauce mischen. Zum Schluß Schnittlauch darüberstreuen.

Rezept von Margit Ungermann

JUBILÄUMS CUVÉE.
EXTRA CUVÉE.

Sonnabend d. 4/3

Legirte Suppe

Fricassée v Huhn

Irish stew

Kalbsbraten

Salat u Compot

Wein Crème

Butter & Käse

Victoria-Luise-Suppe

1kg Suppenspargel
Brühe aus 1 kg Kalbsknochen
1 l Wasser
$^1/_4$ l Sherry
4 Eßlöffel Sahne

Für 4 Personen

Suppenspargel mit ganz wenig Wasser und etwas Salz aufsetzen und einkochen lassen. Nach dem Einkochen durch ein Sieb geben. Brühe aus 1 kg Kalbsknochen, 1 l Wasser, Salz und Sherry herstellen und vorsichtig unter den eingekochten Spargelsud mit einer Gabel schlagen und auf kleine Flamme setzen. Spargelspitzen (je mehr, je besser) mitgaren lassen, zum Schluß mit Sahne, Sherry und Salz abschmecken.

Rezept von Regina Göhnermeier

Meine Großmutter war dem Welfenhaus sehr zugetan und an besonderen Feiertagen gab es Welfenessen.

Als Vorspeise wurde »Schwarzer Herzog« serviert (s. unter Vorspeisen), dann die berühmte Victoria-Louise-Suppe, gefolgt von einem köstlichen Welfenbraten (s. unter Fleisch/Geflügel) und der Welfenspeise (s. unter Dessert).

Meine Großmutter kochte auch des öfteren Birnen-Kartoffel-Suppe mit Speckstippen süßsauer, aber leider ist das Rezept verloren gegangen. Das war ein richtiges Braunschweiger Gericht und kein »Schlesisches Himmelreich«.

> Denn Spargel, Schinken,
> Koteletts
> sind doch mitunter auch was
> Netts.
>
> Wilhelm Busch

Lindas Spargelsalat

2 kg Spargel
3–4 Eßlöffel Essig, 10%
4 Eßlöffel Zucker
1–2 Eßlöffel Olivenöl
1 große Zwiebel
Salz, Pfeffer, Petersilie

Für 4 Personen

Spargel in 4 cm große Stücke schneiden und garkochen (18–20 Minuten). Vom Spargelkochwasser $^3/_4$ l in eine Salatschüssel füllen.

Mit Essig, Olivenöl, Salz, Pfeffer, Zucker und der kleingehackten Zwiebel mischen. In diese Sauce Spargelstücke schichten und über Nacht durchziehen lassen. Zum Servieren mit gehackter Petersilie garnieren.

Rezept von Linda Erfurth

Carpaccio aus rohem Spargel

1 kg Spargel
3–4 Eßlöffel Balsamico-Essig
3–4 Eßlöffel Walnußöl
Salz, Zucker, Pfeffer, Petersilie, Kerbel
fein gehackte Mandelstifte

Für 4 Personen

Den Spargel schälen, in hauchdünne Scheiben schneiden. Essig, Öl, Salz, Pfeffer und Kräuter mischen. Spargelscheiben auf großer Platte anrichten, darüber die Marinade geben und mit Mandelstiften bestreuen. Ziehen lassen.

Rezept aus Ersehof

Die klassische Frage »Whodunit« kann hier nicht gelöst werden. Der Täter muß sich im Dunstkreis italienischer Gourmets befinden, die dem heimischen Spargel eine Piemonteser Variante hinzufügen. War es Felizitas?

Wie dem auch sei, das Gericht gibt dem Koch recht: Man nehme »Ruhm von Braunschweig« und einen Hauch Italien als Würze, das Ergebnis ist grandios!

Spargel in pikanter Sauce

250 g Spargel
1 Eßlöffel Kräuteressig
1 Eßlöffel Olivenöl
Salz, Zucker,Saft 1 Apfelsine
Paprika, Petersilie

Für die Sauce Essig, Öl, Salz, Zucker mit einer Gabel dickflüssig schlagen und den Apfelsinensaft hinzufügen. Spargel kochen, in die Sauce legen und auf einem Salatblatt angerichtet, mit Paprikastreifen und Petersilie garnieren.

Rezept aus dem Kochbuch eines Hausfreundes, der einen perfekten Singlehaushalt führt. Deshalb ist das Rezept für 1 Person gedacht.

Haus zur Hanse, Braunschweig
Stammhaus der Wolters Brauerei

SUPPEN

Fünf verschiedene Braunschweiger Biersuppen

1 l Milch
6 Eßlöffel Mehl
Prise Salz
4 Eßlöffel Zucker
Vanillezucker
Zitronenschale
$^{1}/_{3}$ Finger Zimt
1 Ei
1 kleine Flasche helles Bier

Mehl mit Zucker, Vanillezucker und Salz mischen, mit der Milch – zunächst wenig davon nehmen – klumpenfrei anrühren, dann mit der restlichen Milch, Zitronenschale und Zimt unter ständigem Rühren aufkochen und alsbald vom Herd nehmen. – Zitronenschale und Zimt entfernen, mit Eigelb legieren und Bier zugießen.

Eiweiß mit etwas Zucker steifschlagen und kleine Teelöffelmengen auf die Suppe setzen, bei geschlossenem Topf ziehenlassen.

Eine Spezialität, die heute fast vergessen ist.

Ruth Garke bekam das nachfolgende Rezept 1959 von der Schwiegermutter – Jahrgang 1899 – die es wiederum von ihrer Mutter – Jahrgang 1866 – übernommen hatte. In dem Buch »Die kleine Chronik der Anna Magdalena Bach« wird diese Biersuppe bereits erwähnt (um 1720).

Biersuppe mit Brot

Dazu nimmt man die bei Tische übriggebliebenen, aber gut aufbewahrten Brotstücken. Hat man davon zur Genüge, so stellt man sie mit Braunbier zum Feuer und läßt es langsam zum Kochen kommen. Dann streicht man die Suppe durch ein Sieb, gibt etwas Butter, den nötigen Zucker, etwas gestoßenen Ingwer und Salz daran, läßt sie noch einmal damit aufkochen und zieht sie nach Belieben mit einigen Eidottern ab.

Rezept von M. Hartwig

Biersuppe mit Brot und Kümmel

Man nehme zu dieser Suppe, weil das Braunbier nach dem Aufkochen gewöhnlich zu bitter wird, halb Braun- und halb Weißbier. Man lasse das Bier aufkochen, tue etwas Zitronenschale, Zucker, ein wenig Butter, 1 Teelöffel voll Kümmel, ein wenig Ingwer, eine Prise Salz und etwas geriebenes Schwarzbrot hinzu und koche hiervon eine seimige Suppe. Nachdem dann dieselbe durch ein Sieb oder einen feinen Durchschlag gestrichen ist, lasse man sie noch einmal aufkochen und ziehe sie nach Belieben mit einigen Eidottern ab.

Rezept von R. Jacobs

Braunschweiger Schaumbiersuppe

1 Liter Bier und ebensoviel Wasser, 2 Eßlöffel feines Mehl, 4 ganze Eier, Zucker, 2 Zitronenscheiben und Zimt nach Geschmack schlägt man mit einem Schaumbesen über starkem Feuer bis vor dem Kochen und gießt es schnell in die Suppenterrine. Man gibt in Butter geröstete Weißbrotwürfel oder Zwieback dazu. Kartoffelmehl ist zu dieser Suppe nicht anwendbar. (Kartoffelmehl verhindert das Schäumen.)

Rezept aus Scheibler's Kochbuch, ca. 1915

Braunbiersuppe mit Milch

Man läßt 2 Liter Braunbier mit dem nötigen Zucker zum Kochen kommen. In einem guten Stück Butter schwitzt man 3 reichliche Eßlöffel Mehl, gibt dieses zu dem Bier und kocht davon eine seimige Suppe. Alsdann gießt man $^1/_2$ Liter kochende Milch daran, etwas gestoßenen Zimt, ein wenig Salz und zieht die Suppe mit einigen Eidottern ab.

Das Eiweiß schlägt man zu steifem Schnee, legt mit einem Löffel Klößchen davon auf die kochend heiße Suppe, bestreut sie mit Zucker und Zimt, deckt die Terrine schnell zu, wodurch der Schnee gar wird und bringt sie mit kleinen Zwiebäcken oder mit würfelig geschnittener, in Butter gerösteter Semmel zu Tische.

Rezept von Ulrich Franke

Rosenkohlsuppe mit Speck und Sherry-Kick

250 g Rosenkohl
100 g Speckwürfel
2 Zwiebeln
1 l Brühe (instant)
1 Glas Sherry

Für 4 Personen

Rosenkohl waschen und Stiele abschneiden. Speck anbraten und beiseite stellen. Zwiebeln kleinschneiden und im Speckfett dünsten. Mit der Brühe auffüllen und Rosenkohl hinzufügen. Mit Sherry, Salz und Pfeffer abschmecken, vor dem Servieren den Speck hinzufügen.

Rezept aus Fallersleben

Ingrid's Paprikasuppe

1 rote Paprika
2 grüne Paprika
2 kleine Zwiebeln
2 Knoblauchzehen
2 Teelöffel Butter
$^1/_2$ l Gemüsebrühe
2 Scheiben Toast
1 Becher Crème fraîche
Zucker, Salz, Pfeffer, Kerbel

Für 4 Personen

Paprika waschen und sehr kleine Würfel schneiden. Die roten Paprikastückchen beiseite stellen. Mit den kleingeschnittenen Zwiebeln im heißen Fett andünsten. Mit Brühe auffüllen, Knoblauch hinzufügen und 15 Minuten kochen lassen. Toastbrot würfeln und in der Pfanne rösten.

Die Suppe vom Feuer nehmen und pürieren, mit Crème fraîche nochmals kurz erwärmen und mit den Gewürzen abschmekken. Vor dem Servieren die gerösteten Brotwürfel und die roten Paprikastücke hinzugeben.

Rezept von Ingrid Rath

Topfmarkt, im Hintergrund die alte »Nehringsche« Apotheke (um 1910)
(Foto: Käthe Buchler)

Tomatensuppe mit Krabben

300 g Tomaten, schön reif
2 Zwiebeln, gehackt
20 g Butter
2 Knoblauchzehen
$^1/_2$ l Gemüsebrühe
Basilikum (frisch oder getrocknet)
125 g Krabben

Für 4 Personen

Tomaten im heißen Wasser kurz überbrühen, häuten, vierteln und pürieren. Zwiebeln im heißen Fett andünsten, Knoblauch (ausgepreßt) später hinzufügen. Tomatenpüree salzen und pfeffern, mit den Zwiebeln und der Gemüsebrühe aufkochen. 10 Minuten sanft köcheln lassen. Frisches Basilikum zum Schluß hinzugeben, getrocknetes mitköcheln lassen. Krabben kurz vor dem Servieren in die Suppe geben, damit sie heiß sind, nicht mitkochen.

Mit gebuttertem Schwarzbrot eine delikate Vorspeise.

Rezept von Ilona Büttenbender

Der schön gedeckte
Tisch gehört dazu.
Porzellan: Fürstenberg

Gurkensuppe mit Dill und Lachsstreifen

2 grüne Gurken
75 g Butter
$^1/_2$ l Gemüsebrühe
$^1/_4$ l Sahne
Dill
Salz, Pfeffer
3 Scheiben graved Lachs
Zitronensaft

Für 4 Personen

Gurken schälen, halbieren und Kerne entfernen. In Stücke schneiden und im heißen Fett anbraten. Mit Gemüsebrühe auffüllen, mit Salz und Pfeffer abschmecken. Sanft köcheln, dann im Mixer pürieren, mit Zitronensaft beträufeln.

Die Sahne erst am Schluß hinzufügen, nicht mehr kochen lassen. Lachs in Streifen schneiden, zur Suppe geben und mit gehacktem Dill garnieren.

Rezept von Petra Dörfler

Kartoffelsuppe mit Speck

500 g Kartoffeln
100 g Speck
2 Zwiebeln
$^3/_4$ l Fleischbrühe
100 g Sellerie
1 Stange Lauch
Suppengrün
1 Eßlöffel Kümmel
(vorsichtig, das mag nicht jeder!)
1 Becher Sahne
Salz, Pfeffer

Für 4 Personen

Kartoffeln schälen, würfeln. Speck würfeln und anbraten, die Kartoffelwürfel hinzugeben. Mit der Fleischbrühe auffüllen und mit Lauchscheiben, Selleriestückchen und Suppengrün (und wenn erwünscht – mit Kümmel) köcheln. Zuletzt die Sahne unterrühren und salzen und pfeffern.

Rezept von M. Lüders

Brokkoli-Cremesuppe

2 mittelgroße Brokkoliköpfe
$^1/_4$ l Gemüsebrühe (Instant)
$^1/_4$ l Sahne
Muskat, Salz, Pfeffer
Kresse zum Verzieren

Für 2–3 Personen

Brokkolistücke vom Strunk kochen, nach 8 Minuten Brokkoliröschen hinzugeben, weiterkochen, bis beides weich ist. Dann im Mixer pürieren. Gemüsebrühe heißmachen, mit Sahne und Brokkolimus auffüllen, mit Muskat,Salz und Pfeffer abschmecken und zum Servieren Kresse darüberstreuen.

Rezepte von Marina Bönicke

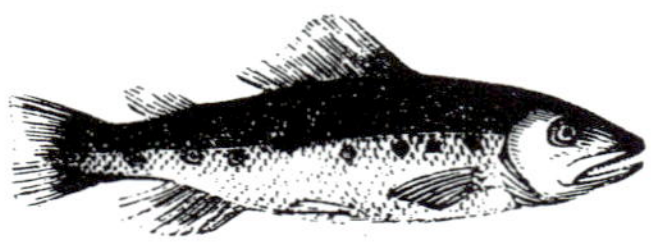

Lauchcremesuppe mit Lachs

2 Stangen Lauch
2 Eßlöffel Butter
$^1/_8$ l Weißwein
$^1/_2$ l Gemüsebrühe (Instant)
$^1/_4$ l Sahne
Salz, Pfeffer
2 Scheiben graved Lachs

Für 4 Personen

Lauch in feine Scheiben schneiden und waschen, im Fett dünsten. Brühe und Wein dazugeben und leicht köcheln lassen. Gewürze hinzufügen, Hitze reduzieren und Sahne einrühren. Lachs in feine Streifen schneiden und vor dem Servieren dazugeben.

Hochzeitssuppe

$^1/_2$ l Hühnerbrühe
$^1/_2$ l Rindfleischbrühe
1 Dose Spargelabschnitte
oder frische Spargelabschnitte
250 g Hackfleisch
125 g Nudeln
Salz, Pfeffer
$^1/_4$ Brötchen
3 Eier
$^1/_4$ l Milch
Muskat

Für 4 Personen

Hühner- und Rinderbrühe aufkochen, Spargel dazugeben, Nudeln dazugeben. Hackfleisch mit Brötchen und Ei, Salz und Pfeffer zu Bällchen formen und anbraten, dann in die Brühe geben.

Eierstich bereiten:

2 Eier, 2 Eierschalen voll Milch mit Salz, Muskatnuß gut verrühren, in einen Gefrierbeutel füllen und in kochendes Wasser hängen, bis das Ei fest ist. Dann in Würfel schneiden und zur Suppe geben.

Rezept der Kochgruppe St. Georg

Aus Elfriede Knörichs handgeschriebenem Kochbuch stammen die folgenden drei Suppenrezepte.

Kürbissuppe

1 Kürbis (ca. 1 kg)
1 Eßlöffel Essig
1 Eßlöffel Kartoffelmehl
1 Ei
2 Eßlöffel Zitronensaft
2 Eßlöffel Zucker

Kürbis waschen, in breite Scheiben schneiden und dann erst schälen. Das Innere entfernen und würfeln. Im Essigwasser weichkochen, dann pürieren. Kartoffelmehl unterrühren, mit Eigelb abziehen. Mit Zitronensaft und Zucker abschmecken. Aus dem Eischnee Klößchen abstechen und auf die Suppe geben.

An heißen Tagen ein ideales Abendessen.

Rhabarbersuppe

$^{1}/_{4}$ l Wasser
4 Eßlöffel Zucker
1 Eßlöffel Rhabarbermarmelade
$^{1}/_{2}$ kg Rhabarber
3–4 Eßlöffel Gries

Rhabarber waschen, stutzen, auf Holzbrett würfeln und im kochenden Zuckerwasser garen. Gries in $^{1}/_{8}$ l Wasser anrühren und 6 Minuten kochen, dann den Gries zur Rhabarbersuppe geben.

Kohlsuppe

250 g Kohl
250 g Kartoffeln
$^1/_4$ l Wasser
1 Eßlöffel Salz

Kohl waschen und kleinschneiden. Mit Kartoffelwürfel in kaltem Wasser aufsetzen, bis das Gemüse weichgekocht ist. durchsieben und mit dem Salz abschmekken.

Vorsicht! Sauerampfersuppe sofort essen, kann nicht langfristig vorbereitet werden, da oxalsäurehaltig.

Harzer Sauerampfersuppe

5 Eßlöffel Sauerampfer, kleingehackt
1 l Gemüsebrühe (Instant)
4 Scheiben Vollkorntoastbrot
3 Eigelb
3 Eßlöffel Sahne
30 g Butter
Salz, Pfeffer

Für 4 Personen

Sauerampfer in Butter leicht andünsten, mit heißer Gemüsebrühe übergießen und sanft köcheln lassen (nur kurz).

Toastbrot zerbröseln und in der Suppe mitkochen lassen, dann mit Eigelb abziehen und Sahne und Gewürze unterrühren.

KATHARINA II IN IHREN MEMOIREN

Katharina II., Kaiserin von Rußland: Memoiren und Chroniken. Bd. 2. Leipzig 1916.

Der Hof von Braunschweig besaß damals wahrhaft königlichen Glanz. Das machten seine vielen prächtigen Gebäude mit ihrer Ausstattung, die höfische Lebensordnung, die vielen Menschen jeder Art, die dem Hofe angehörten und die große Menge von Fremden, die beständig da waren, sowie die Pracht und Großartigkeit der ganzen Lebensführung. Bälle, Opernaufführungen, Konzerte, Jagden, Spazierfahrten, Gastmäler wechselten Tag für Tag ab. Das habe ich während aller dieser Jahre wenigstens drei oder vier Monate in Braunschweig gesehen, von meinem achten bis zu meinem fünfzehnten Lebensjahre. Der preußische Hof war nicht anähernd so genau geregelt und machte nicht denselben Eindruck von Großartigkeit wie der des Herzogs von Braunschweig.

Herzogliches Residenz Schloß

Braunschweiger Welfensuppe

500 g Erbsen
500 g Suppengemüse
2 l Wasser
500 g gepökeltes Schweinefleisch
3 große Zwiebeln
einige Speckschwarten
500 g festkochende Kartoffeln
1 Teelöffel Majoran
1 Teelöffel Thymian
Pfeffer, Salz

Die Erbsen waschen und über Nacht einweichen. Im Einweichwasser (mit frischem Wasser auf 2 Liter auffüllen) zum Kochen bringen. Fleisch, Speckschwarten und klein gewürfeltes Suppengemüse dazugeben und alles zusammen gut 100 Minuten köcheln lassen (den Topf fest verschließen). Die getrennt gekochten Kartoffeln zufügen; mit Majoran, Thymian, frisch gemahlenem Pfeffer sowie Salz abschmecken. Das Fleisch in kleine Stücke schneiden. Die Suppe noch 15 Minuten ziehen lassen. Auf die übliche Würstcheneinlage kann man verzichten. Einfach Graubrot oder kleine Tafelbrötchen dazu reichen.

Rezept »... nach Art der Fabiane«

Apropos Erbsen

Für mich. – Unfehlbares Mittel gegen die Liebe: Erbsen essen. Heute am 25. März erprobt, nachdem ich einen sehr angenehmen Spazierritt gemacht hatte und ein heftiges Verlangen nach der kleinen Nachbarin vom Bevernpalast verspürte.

Stendhal am 25. März 1808 in »Tagebuch in Braunschweig.« Neu herausgegeben 1964 Braunschweig.

Volkmaroder Hochzeitssuppe

1 kg Rinderbrust
2 Bund Suppengrün
2 Eßlöffel gekörnte Brühe
500 g Hackfleisch vom Rind
Salz und Pfeffer
2 Eier
250 g Reis
125 g Rosinen

Für 6–8 Personen

Das Rindfleisch mit dem geputzten und geschnittenen Suppengrün und der gekörnten Brühe in 3 Liter kaltem Wasser aufsetzen und 2–3 Stunden leise kochen lassen. Inzwischen das Hackfleisch mit Salz und Pfeffer kräftig abschmecken und mit den Eiern mischen, aus dem Fleischteig kleine Klößchen formen und in Salzwasser (nicht in der Brühe!) garen und warm stellen.

Den Reis in $^1/_2$ Liter Salzwasser ausquellen lassen, die eingeweichten Rosinen darin erhitzen.

Das Fleisch aus der Brühe nehmen, würfeln und warm stellen. Die Brühe in eine gewärmte Terrine seihen. Den Reis in einer Schüssel servieren. Bei Tisch nimmt sich jeder Gast Fleisch, Klößchen und Reis auf den Teller und gießt die heiße Brühe darüber. Ebensogut kann man vorher alle Zutaten mischen und die fertige Suppe auftragen.

GEMÜSE UND KARTOFFEL-GERICHTE

Rote-Rüben-Gemüse

1 kg Rote Rüben
4 Äpfel
Schmalz
1 Zwiebel
Nelken, Essig, Zucker

Für 6 Personen

Rote Rüben kochen, dann pellen. Inzwischen die Äpfel in Scheiben schneiden und im Schmalz andünsten. Eine Zwiebel hinzufügen. Die gekochten Rüben mit einer großen Reibe gleich in den Topf reiben, mit Nelken, Essig, Zucker abschmekken und nur noch kurz köcheln.

Von Edith Groppe stammen die köstlichen Kürbis- und Rote-Rüben-Rezepte, welche ihre Mutter von 1890–1910 als Köchin immer wieder bei Baronessen mit großem Erfolg gekocht hatte.

Kürbis süss-sauer

1 Kürbis (ca. 1 kg)
1 Tasse Essig
125 g Zucker
2 Stück Ingwer
$^{1}/_{2}$ Vanillestange
1 Zitrone
$^{3}/_{4}$ Tasse Essig

In einem vier Liter Kochtopf die in Würfel geschnittenen Kürbisstücke geben. Dann 1 Tasse Essig dazutun. Über Nacht stehen lassen. Am Morgen alles aus dem Topf nehmen. Dann knapp 1 Liter Wasser, Zukker, Ingwer, Vanillestangen, Zitronensaft, Essig kochen und die abgetropften Kürbisstücke hineingeben. Ungefähr noch 10 Minuten weiterkochen, bis der Kürbis glasig ist.

Schmeckt hervorragend zu kaltem Fleisch oder Geflügel.

Unser Kartoffelmann

Jeden Donnerstag kommt der Kartoffelmann in unsere Straße. »Kartoffeln, Eier« so schallt es in den Garten. Vor allem im Herbst hat der Kartoffelmann Hochkonjunktur, Winterkartoffeln zum Einkellern bietet er in den verschiedensten Sorten und Preislagen. Die Kartoffeln gelten eigentlich als typisch deutsch, und doch ist das ein weitverbreiteter Irrtum. Sie stammen aus Südamerika, aus dem heutigen Peru und kamen durch die Eroberer nach Europa. Die Italiener, heute fast ausschließlich mit der Nudel identifiziert, waren die ersten, die die Knollen zu schätzen lernten. Bei uns landeten sie erst nach Anmahnung durch den Alten Fritz in den Kochtöpfen, der bereits in Punkto gesunder Ernährung ein offensichtlicher Vordenker war. Über 100 Sorten gibt es auf dem Markt, unser Kartoffelmann hat immerhin 5 in seinem Lieferwagen. Festkochend oder mehlig, daran scheiden sich die Geister, wobei gerade diese Spezifikation einen guten Einblick in den Speisezettel erlaubt. Festkochende Sorten eignen sich gut für Kartoffelsalat und Bratkartoffel, die mehligen passen fürs Püree oder Puffer. Jetzt weiß ich es endlich, mein Nachbar in der Schlange beim Kartoffelmann, ist Experte für Bratkartoffeln – oder auch etwa für Bratkartoffelverhältnisse?

Frauen beim Kartoffelschälen (im 1. Weltkrieg)
(Foto: Käthe Buchler)

Kartoffeln in Dillsauce

1 kg Kartoffeln
4 Bund frischer Dill
2 Eßlöffel Walnußöl
2 Eßlöffel Mehl
1/4 l Milch
1/4 l Sahne
1/2 l Gemüsebrühe
Salz, Pfeffer

Für 4–6 Personen

Pellkartoffeln kochen und anschließend in Scheiben schneiden. Öl in der Pfanne heißmachen, Mehl hineinstäuben und mit Milch und Gemüsebrühe verrühren. Dill waschen und mit dem Wiegemesser zerkleinern. In die Sauce geben. Kartoffeln hinzufügen und ständig umrühren. Geschlagene Sahne darunterheben und sofort servieren.

Rezept von K. Lehmann

Längst hat sich die Kartoffel in Niedersachsen beliebt gemacht. Und Kartoffelpfanne, -puffer und Co. haben ihre Fangemeinde wie die Nudel auch.

Eine Spezialität aus dem Harz ist dieser Bauernschmaus, der früher die Leibspeise der Brockenhexe gewesen sein soll.

Bauernschmaus

500 g Pellkartoffeln
2 Äpfel
1 Zwiebel
200 g Speckwürfel
1 Birne
Pfeffer, Salz, Schnittlauch
1 Eßlöffel Schmalz

Für 4 Personen

Kartoffeln schälen, Äpfel und Birne in Schnitze schneiden. Zwiebel kleinhacken. Speck im Schmalz kroß anbraten, Kartoffeln in Scheiben schneiden und mit den Apfel/Birnenstückchen, den Zwiebeln vorsichtig rösten. Nach Bedarf mit Salz und Pfeffer würzen und mit Schnittlauch bestreuen.

Rezept aus Schladen

Himmel und Erde

1 kg Kochäpfel
2 Eßlöffel Zucker
1 kg Kartoffeln, mehlig
1 Prise Salz
50 g Schmalz
1 kleines Glas Milch
1 Eigelb
300 g Blutwurstscheiben
3 Zwiebeln, in Ringe geschnitten
Butterflöckchen

Für 4 Personen

Äpfel schälen und in Schnitzen bei wenig Hitze und etwas Zucker dünsten. Kartoffeln im Salzwasser (geschält, gewaschen) kochen, bis sie leicht zerstampft werden können. Mit Schmalz, Milch, Eigelb und einer Prise Salz verrühren.

In eine gebutterte Auflaufform das Apfelkompott und dann den Kartoffelbrei einfüllen. Blutwurstscheiben vorher leicht anbraten und dann auf den Auflauf legen und mit Zwiebelringen bestreuen. Zum Abschluß Butterflöckchen daraufgeben und im Backofen bei 180 Grad 20 Minuten backen. Heiß servieren!

Rezept aus einem handgeschriebenen Kochbuch aus Melverode

ein berühmtes altdeutsches Gericht

Oberharzer Pritschewerk

800 g kleine, festkochende
Kartoffeln
Salz
60 g Butter
800 g Harzer Schmorwurst
8 Eier
1 Bund Petersilie
2 Tomaten

Es waren Festtage, wenn in den Oberharzer Kleinstädten Markt gehalten wurde. Vom Ei bis hin zum lebenden Schlachtvieh boten die Bauern alles zum Kauf an. Nach getaner Arbeit sagte man sich: »Handeln macht hungrig und durstig«. Beim Schlachter, der gleichzeitig auch die Gastwirtschaft betrieb, wurden die mitgebrachten Eier und Kartoffeln in die Küche gegeben. Wenn nun alles in der Pfanne »pritschelte«, freute sich schon jeder auf das Pritschewerk; nicht zuletzt deshalb, weil auch so mancher »Schluck« dazu getrunken wurde.

Kartoffeln gründlich waschen, abbürsten und gut abtrocknen. Jede Kartoffel mit einem ausreichend großen Stück Alufolie als Unterlage auf ein Backblech setzen. Mit Salz bestreuen und mit Butterflöckchen belegen. Die Kartoffeln locker einwickeln. Im vorgeheizten Backofen bei 220 Grad 30–35 Minuten garen.

Inzwischen die Wurstmasse aus dem Darm in die Pfanne drücken und mit etwas Wasser vermischt erhitzen. Sobald die Wurstmasse kocht, die Eier nacheinander hineingeben, umrühren, bis die Eier gestockt sind. Dazu werden die kleinen Kartoffeln, die mit Petersilie und Tomaten garniert werden, zusammen mit grünem Salat in einer süß abgeschmeckten Sahnesoße gegessen, und danach empfiehlt sich ein Gläschen »Harzgeist«.

Rezept von I. Entorf

Röhrklumps

8 große, mehlig kochende Kartoffeln
1–2 Zwiebeln
2 Eier
Salz
300 g in Scheiben geschnittenen Speck

Für 4 Personen

Die Kartoffeln fein reiben, Zwiebeln kleinschneiden und die Eier unter diese Masse mischen. Mit Salz abschmecken. Die Fettpfanne des Backofens mit dünnen Speckscheiben auslegen und den Kartoffelteig darauf verteilen, zum Abschluß wieder mit dünnen Speckscheiben belegen. Diesen Auflauf bei 250 Grad knusprig braunbakken.

Dazu paßt ein gutes Braunschweiger Bier.

Rezept von Ingrid Münker

ein uraltes Familienrezept

Sauerkohl und Speck hilft
dem Bauer durch den Dreck.
Niedersächsisches
Sprichwort

Vom Blumenkohl und seiner Verwandtschaft

Die Kohls sind eine riesige Sippe, uralt und weitverzweigt: Spitzkohl, Butterkohl, Blumenkohl, Wirsing, Rosenkohl, Brokkoli, Grünkohl, Chinakohl, die Ahnenreihe ist lang und ehrwürdig.

Dabei ist der Rosenkohl ein relativ junger Sproß aus dem 18. Jahrhundert, ein geradezu unerwarteter Nachkömmling, während die anderen Kohlahnen schon betagte und bewährte Mitglieder dieser Sippe sind. Eines ist ihnen allerdings bei aller Verschiedenheit der Zubereitung und des Anblicks gemeinsam: der Duft. Unnachahmlich streicht er beim Kochen desselben durchs Haus, wandert durch Türritzen und Fensterspalten und signalisiert »hier wird gekocht, komm rein, iß mit!« Genau dieser Eigengeruch wird dem Blumenkohl übrigens beim Einkauf zum Verhängnis. Riecht er nach Fisch, ist er alt und schon lange gelagert. Beim Rosenkohl halten die Deckblätter, was sie versprechen: gelb und welk heißt schon lange gepflückt und nur noch wenig Vitamingehalt. Vom Geschmack ganz zu schweigen.

Rosenkohl hat im Winter Hauptsaison, er hält sogar ein wenig Frost unbeschadet aus, während Blumenkohl stark vom Wetter abhängt. Am liebsten wächst er bei 17 Grad, ist also ein empfindlicher Kumpan, der gerne – wenn's hier frostig wird – in hübschen Gegenden überwintert.

Blumenkohl überbacken

6 mittelgroße Pellkartoffeln
1 Zwiebel
100 g Kochschinken
50 g Salami
100 ml Milch
100 ml Sahne
Margarine
50 g geriebenen Emmentaler
50 g Schmelzkäse
schwarzer Pfeffer

Für 2–3 Personen

Pellkartoffeln schälen, in Scheiben schneiden und in eine gefettete, feuerfeste Form legen. Die Zwiebel hacken, Salami und Kochschinken in Streifen schneiden und in der Pfanne leicht anbraten. Über die Kartoffeln verteilen. Blumenkohl kochen, dann in Röschen zerpflücken und ebenfalls in die Form schichten. Den Schmelzkäse mit etwas Margarine bei schwacher Hitze im Topf schmelzen, Milch und Sahne hinzufügen, aufkochen lassen und pfeffern.

Die Sauce über den Blumenkohl gießen, darüber den geriebenen Emmentaler Käse streuen und im Backofen so lange bräunen bis der Käse goldgelb und zerlaufen ist (ca. 40 Minuten, 200 Grad).

Dazu reiche ich grünen Salat mit Essig, Öl, Salz, Pfeffer und Estragon angemacht.

Rezept von Iris Arndt-Krug

Rahmsauerkraut

10 g schwarze Pfefferkörner
2 Lorbeerblätter
1 Teelöffel Kümmel
4 Nelken
10 Wacholderbeeren
alle Gewürze in ein Mulltuch binden
150 g Zwiebeln
100 g Gänseschmalz
1,2 kg Sauerkraut
$^3/_8$ l Brühe (Instant)
200 g Crème fraîche
Salz

Für 8 Personen

Die Zwiebeln pellen und fein würfeln. Das Gänseschmalz in einem Schmortopf erhitzen. die Zwiebeln darin glasig andünsten.

Das Sauerkraut etwas zerpflücken und unter die Zwiebeln mischen. Gewürzbeutel und Brühe dazugeben. Das Kraut bei milder Hitze und zugedeckt ca. 30 Minuten garen. Crème fraîche einrühren. Das Sauerkraut weitere 6–9 Minuten offen garen und anschließend mit Salz abschmecken. Gewürzbeutel entfernen.

Rezept von Erika Petersen

Mir schwant etwas, mir ist so wohl.
Gibts heute mittag Sauerkohl?
Wilhelm Busch

Holst's Betriebe

Lauchtorte

3 nicht zu kräftige Stangen Lauch
50 g Sesamkörner
50 g Sonnenblumenkörner
100 g Gruyère oder anderen Reibekäse
2 Eier
Salz, Petersilie, Pfeffer
1 Becher Schmand

Für den Teig:
250 g Mehl
125 g Butter
1 Eigelb
Wasser
Salz

Für 4 Personen

Aus den Zutaten für den Teig rasch einen Mürbeteig kneten und $^{1}/_{2}$ Stunde kaltstellen. Lauch von den dunklen Blättern befreien, waschen und in schmale Scheiben schneiden. In der Pfanne mit etwas Butter und den Körnern leicht andünsten, salzen, pfeffern. Ich bevorzuge eine starke Prise Zucker noch dazu. Abkühlen lassen. Aus Gruyère, Schmand und Eiern eine Creme mischen.

Mürbeteig auswellen und in eine Tortenform geben, darauf den Lauch und die Ei-Schmand-Käsecreme verteilen. 30 Minuten im Backofen (180 Grad) backen, kurz vor dem Herausnehmen die Petersilie darüberstreuen, damit sie leicht erwärmt ist.

Rezept von J. Becker

Spargel der Armen: Lauchgemüse

Im Mittelalter ging das Gerücht um, daß Lauch böse Träume und einen unruhigen Schlaf verursache. Und nicht nur damals blieb der Lauch unterschätzt, war er doch ein Leben lang an die Möhre und den Sellerie zum Suppengrün gefesselt. Daß er durchaus eigenständig munden kann, beweisen Lauchtorten und Porreesuppen, die im Zuge der regionalen Küche kräftig auf dem Vormarsch sind.

LAUCH IM WEINESSIGBAD

1 kg Lauch
3 Zwiebeln
$^{1}/_{8}$ l Weinessig
1 Eßlöffel Zucker
4 Lorbeerblätter
10 Pfefferkörner
5 Nelken
1 Knoblauchzehe

Für 4 Personen

Zwiebeln in Ringe schneiden. Mit $^{1}/_{4}$ l Wasser, $^{1}/_{8}$ l Weinessig, Zucker, Salz, Pfeffer, Lorbeerblättern, Pfefferkörnern, Knoblauchzehe, Nelken aufkochen. Dann abkühlen lassen. Lauch waschen und in 6 cm lange Stücke schneiden, im Salzwasser 15 Minuten garen. Aus dem Wasser nehmen und abkühlen lassen. Den Essigsud nochmals aufkochen, Lauch in ein Einmachglas schichten, mit Sud übergießen und verschließen. Nach 3 Tagen kann man die Lauchstangen als Beilage zu Fleisch essen.

Rezept von Renate Verhey

Ein beliebtes Gericht dieser Region, das aus den ersten Jahren dieses Jahrhunderts stammt.

1 kg Steckrüben
1 kg gekochte Kartoffeln
Margarine
2 Zwiebeln
50 g Fett
1 l Buttermilch
Petersilie, Salz
Haferflocken
50 g Mehl

Für 6–8 Personen

Steckrübenauflauf mit Buttermilchtunke

Steckrüben raspeln und in wenig Wasser 10 Minuten abkochen. Zwiebeln reiben, Kartoffeln in Scheiben schneiden. Schichtweise in gefettete Auflaufform legen. Fett, Mehl, Buttermilch, Petersilie, Salz, Pfeffer zu einer Sauce verrühren und über den Auflauf geben. Mit Haferflocken bestreuen und im Ofen 40–50 Minuten backen (bei 200 Grad).

Rezept von Brigitte Zerbst

Braunschweiger Sommergurken

1 Salatgurke
oder die entsprechende Menge Landgurken
$^1/_2$ l Wasser
10 Eßlöffel Essig
2 Teelöffel Salz
1 Teelöffel Pfefferkörner
1 Teelöffel Senfkörner
1 Prise gemahlener Pfeffer
1 Prise Zucker
2 Lorbeerblätter
2 mittlere Zwiebeln

Gurke schälen und in 3 mm dicke Scheiben schneiden. Zwiebeln schälen und in dünne Ringe schneiden. Alle Zutaten in einer Schüssel gut mischen und im Kühlschrank 24 Stunden durchziehen lassen.

Rezept von Ute Korneffel

Braunkohl mit Brägenwurst

1–1½ kg Grünkohl
3 große Zwiebeln
100–150 g Schweineschmalz
1 kg Schweinebauch
6 schöne große Brägenwürste
Salz
frisch geriebene Muskatnuß

Für 6 Personen

Den Grünkohl von den Blattrippen lösen, waschen und fein hacken. In Wasser aufkochen und den ersten Sud weggießen (wichtig!). Mit frischem Wasser aufsetzen und erneut zum Kochen bringen. Die Zwiebeln schälen und würfeln, im Schweineschmalz glasig anbraten, mit dem Schweinebauch zum Kohl geben. Salzen. Den Kohl 3–4 Stunden garen, dabei auf genügend Flüssigkeit im Topf achten. Die Brägenwürste im Kohl heiß werden lassen, sie bringen zusätzlich Geschmack. Den Schweinebauch in kleine Stücke schneiden. Mit Salz und Muskat abschmecken und servieren.

Variation: Nicht weit von unserer Vorharz-Heimat, im Raume Halberstadt, wächst die »Queen-Birne«, eine kleine, kochfeste Frucht mit apartem Aroma. Sie wird dem Braunkohl beigegeben und am Ende der Garzeit entfernt.

Rezept
»... nach Art der Fabiane«

Wenn der erste Frost da ist, dann schwärmen die Braunschweiger für Grünkohl (der hier Braunkohl heißt) mit Brägenwurst, einer geräucherten Wurst aus reinem Schweinehack mit einer Beigabe von Brägen.

Pilzgulasch mit Kartoffelklössen

150 g durchwachsenen Speck
100 g Zwiebeln
500 g kleine Champignons
2 Gläser Pfifferlinge (oder im Herbst 350 g frische)
1 Dose Steinpilze (oder frische, wenn's geht)
Salz, Pfeffer
2 Eßlöffel Butter

Für 4 Personen

Speck würfeln und in der Pfanne anbraten. Zwiebeln kleinhacken, mit Butter glasig dünsten. Champignons putzen, waschen und dazugeben, gut durchschmoren. Pfifferlinge und Steinpilze in ein Sieb geben und kurz unter fließendem Wasser abbrausen, dann ebenfalls in die Pfanne geben und mit Salz und Pfeffer würzen.

Rezept von Vera Chmieleckie

Braunschweiger Kochschülerinnen (um 1905)

Kartoffelklösse

500 g Kartoffeln
150 g Mehl
Salz

Für 4 Personen

Kartoffeln am Vortag in der Schale kochen, dann reiben und mit Mehl, Eier, Salz zu einem glatten Teig verarbeiten. Mehl auf die Arbeitsplatte streuen und den Teig zu einer Rolle formen. Daraus dann 8–12 gleichgroße Klöße rollen, in einem großen, breiten Topf mit viel Salzwasser zum Kochen bringen. Die Klöße müssen im Wasser nebeneinander schwimmen und dürfen nur noch ziehen (nach 20 Minuten probieren, ob sie gar sind).

FISCH

Riddagshäuser Forellen mit Wacholdersahne

4 Forellenfilets geräuchert
1 Kopfsalat
1 Zitrone
1 Becher Sahne
3 Eßlöffel Meerrettich gerieben
1 Eßlöffel Korn
1 Eßlöffel Wacholderbeeren

Kopfsalatblätter auf vier Teller verteilen, je 1 Forellenfilet darauflegen. Alles mit Zitronensaft beträufeln. Sahne schlagen, mit Meerrettich mischen. Wacholderbeeren, möglichst weiche, kleinhacken und mit Korn beträufeln. 25 Minuten stehen lassen, dann unter die Sahne mischen, die Filets damit garnieren.

Bei Bedarf mit frischem Pfeffer nachwürzen.

Rezept von Anja Czekalla

Im See

Der Häring erzählt zur nächtlichen Zeit
Dem Walfisch die letzte Neuigkeit:
Frau Aal hat neulich den Hummer geneckt,
Indem sie ihn aus dem Schlummer geweckt.
Da gab es einen großen Disput.
Der Hummer fauchte und kochte vor Wut
Und weil er kochte, so wurde er rot
Und als er rot war, da war er schon tot.
»Ja«, seufzet der Walfisch und weint gar sehr,
»Ja, tote Hummer, die leben nicht mehr.«

Joachim Ringelnatz: Das große Ringelnatz-Kinderbuch / Ill. von Rolf Rettich Berlin: Henssel 1989

Riddagshäuser Karpfen überbacken

1 großen Karpfen
Salz, Pfeffer
Zitrone
Butter zum Ausfetten
1 Bund Dill
2 Joghurt
1 Bund Petersilie
2 Schalotten
Paprikagewürz
Weißbrotkrumen

Karpfen schlachten, filieren und waschen. Pro Portion 2 Stück à 120–150 g.

Mit Küchenkrepp abtrocknen und mit Salz, Pfeffer und Zitronensaft würzen.

Eine Auflaufform mit Butter ausreiben und die Fischstücke nebeneinander einsetzen.

Von Joghurt, Zitrone, gehacktem Dill und Petersilie sowie Schalotten eine Marinade herstellen. Eventuell mit etwas Paprika würzen.

Im gut vorgeheizten Ofen (180–220 Grad) wird der Fisch 20–25 Minuten gegart.

Kurz vor dem Auftragen mit frischen Weißbrotkrumen überstreuen und goldgelb backen.

Mit der Marinade servieren.

Dazu Kopfsalat und Salzkartoffeln, die in zerlassener Butter und gehackter Petersilie geschwenkt wurden.

Rezept aus dem Riddagshäuser Kochbuch

Aal in Salbei

4 Portionen Aal
4 Eßlöffel Fett
2 Zwiebeln
viele frische Salbeiblätter
1 Zitrone
Pfeffer, Salz
$^{1}/_{2}$ Tasse Gemüsebrühe
Bindfaden

Für 4 Portionen

Aal häuten, mit Zitronensaft beträufeln. Den Aal in Stücke schneiden, pfeffern und salzen und einige Zeit stehen lassen. Zwiebeln kleinhacken und in einer tiefen Pfanne glasig dünsten. Aal nochmals mit Zitronensaft beträufeln und mit den Salbeiblättern umwickelt in der Pfanne langsam dünsten, Brühe dazugießen, mehrfach wenden.

Nach 30 Minuten probieren, ob der Aal bereits gar ist, eventuell noch 10 Minuten länger auf kleiner Flamme dünsten.

Vor dem Servieren Bindfaden und Salbeiblätter entfernen.

Stammtischrezept aus dem Elm

»Häringskartoffeln«
nach Wilhelm Busch

Man legt in der Schale gekochte,
gepellte und in Scheiben geschnittene
Kartoffeln abwechselnd mit gehacktem
Häring in eine Blechform.
Sodann verquirlt man sauren Rahm,
Eier und zerstoßenen Zwieback, gießt's
drüber, schiebt die ganze Geschichte
in den Bratofen und läßt sie stehen,
bis sie krustig wird.

Harzer Häckerle

5 gewässerte Salzheringe
250 g geräucherten Speck
2 große Zwiebeln
2 Senfgurken
1 Apfel
1 hartgekochtes Ei
Pfeffer

Heringe, Speck und Zwiebeln durch den Fleischwolf drehen. Ei kleinschneiden, Apfel raspeln und zu der Masse geben. Mit Pfeffer abschmecken, zuletzt die kleingehackten Gurken dazugeben.

Schmeckt gut als Brotbelag oder zu Pellkartoffeln.

Rezept von Ronny Ganster

Grüne Butter
(schön an heissen Tagen)

1/4 Stück Butter
2 hartgekochte Eier
1 Hering
Schnittlauch, Petersilie, Dill
Salz, Pfeffer

Ein Viertelstück Butter zu Sahne schlagen, 2 hartgekochte Eigelb, recht fein gewiegt, und einen fein gewiegten Hering, fein gewiegten Schnittlauch, Petersilie und Dill sehr gut verrühren und pikant abschmecken (sehr beliebt bei Herren).

Rezept aus Vechelde

Lachsforelle in Folie

4 Lachsforellen
4 Eßlöffel Petersilie
2 Eßlöffel Dill
2 Eßlöffel Schnittlauch
2 Gläser Weißwein
Pfeffer, Salz
Fischfond (1 Glas)
2 Eigelb
1 Becher Crème fraîche

Für 4 Personen

Lachsforellen ausnehmen und säubern. Aus Petersilie, Dill, Schnittlauch (alles kleingehackt) mit Pfeffer und Salz und soviel Wein wie nötig einen dicken Brei rühren, Forellen damit innen einreiben, in Folie hüllen und im Ofen dünsten (nach 25 Minuten bei mittlerer Hitze nachschauen!). Forelle warmstellen.

Für die Sauce Fischfond köcheln, die Flüssigkeit aus der Folie dazugeben, mit Eigelb und Crème fraîche andicken.

Dazu: Heidepellkartoffeln in der Schale garen, mit flüssiger Butter, in die man Kümmel und Salz gegeben hat, übergießen.

Rezepte von Annette Bruns

EINE MÄNNLICHE HAUSFRAU MEINT:

Silvester ist nicht nur mein Namenstag. Ich bin auch an diesem Letzten im Jahr geboren – sozusagen ein Silvesterscherz, ein schlechter, wie meine Mutter zu sagen pflegte. Es war im Jahre 1911. Weinkenner werden wissen, daß es ein guter Jahrgang war. Nun, dieser Tag wird bei uns mit dem obligatorischen Neujahrskarpfen geweiht. Um ihm eine besondere Note zu geben, bereite ich ihn mit Champignons, die ich in Weißwein dämpfe. Ich lasse den vorbereiteten, in große Stücke zerteilten Karpfen darin 10 Minuten ziehen. Der Karpfen ist sehr groß. Ich erkenne, daß die Flüssigkeit nicht ausreicht. Ich gieße etwas heißes Wasser dazu. Ich rühre in Sahne etwas Mehl an, quirle es hinein und lasse alles einige Minuten kochen. Ich schmecke mit Salz ab und träufle Zitrone darüber. Ich richte das Ganze festlich an, überstreue es mit gehackter Petersilie und gebe Zitronenscheiben dazu. Natürlich können Sie den Fisch auch als Karpfen »blau« essen. Dann empfehle ich dazu Meerrettichcrème. – Wir kleiden uns um. Smoking. Die Damen kleines Abendkleid. Ich hole eine Flasche »Forster Ungeheuer« aus dem Keller. Wir stoßen an. Wir essen schweigend. Der Fisch ist ein Gedicht. Und dann möchte ich Ihnen etwas verraten. Ich flüstere es Ihnen ins Ohr: Vergessen Sie nicht, eine Schuppe Ihres Karpfens ins Portemonnaie zu stecken. Sie haben dann das ganze kommende Jahr Geld und brauchen vorher nicht erst das Horoskop zu bemühen.

Wir haben indessen, wie man zu sagen pflegt, die Tafel aufgehoben, und der Abend vergeht mit Bleigießen, Heringssalat und Berliner Pfannkuchen. Unterdessen bereite ich den Punsch vor, den ich Ihnen auch noch verrate. Ich schütte zwei Flaschen Rotwein in eine Kasserolle, presse den Saft von 3 Zitronen hinzu, werfe 1 Pfund Zukker hinein und lasse den Wein siedend heiß werden, ohne daß er wirklich kocht. Ich nehme das Getränk vom Feuer und gieße eine halbe Flasche Arak darunter. Bitte denken Sie daran, daß Sie, bevor Sie den Punsch in die Gläser füllen, jedesmal einen silbernen Löffel hineinlegen, damit die Gläser nicht springen. Würzen Sie den Punsch

noch mit etwas Zimt und einer Gewürznelke.
Damit wir den langen Abend und die Nacht immer etwas zu kauen haben, denke ich an die kleinen salzigen »Schnaseleien«, die man gerne zu scharfen Getränken ißt. Da sind die Salzmandeln. Es klingt paradox, aber um Salzmandeln zu gewinnen, kaufe ich Süßmandeln (keine Bittermandeln!). Ich ziehe die Haut ab, indem ich sie mit kochendem Wasser überbrühe. Ich tue in eine Bratpfanne Olivenöl, erhitze es und röste die nackten Mandeln, bis sie die Hautfarbe jenes nußbraunen Mädchens aus dem Song von Kurd E. Heyne erhalten. Das geschieht sehr schnell: also aufpassen! Dann bestreue ich sie mit Salz und reiche sie zu Coctails und Flips. – Pommes ships: Mit dem Gurkenhobel erziele ich hauchdünne Kartoffelscheiben, die ich in erhitztes Öl eintauche, nachdem ich sie vorher gut abgetrocknet habe. Sie beginnen sich sofort zu bräunen und zu krümmen. Die knusprigen Scheibchen lasse ich abtropfen und bestreue sie wieder mit Salz.
Käsestangen: Einem guten Mürbteig füge ich 100 g geriebenen Schweizerkäse bei, walze ihn aus und schneide mit dem Teigrädchen dünne Streifen, die ich mit Kümmel bestreue. Ich kann sie auch mit geschlagenem Eigelb bestreichen. Ich backe sie im Ofen nicht zu heiß, da sonst der Käse bitter wird. Das ist alles. Und nun nehmen wir das Punschglas und stoßen noch einmal an: auf meinen Geburtstag und auf Sie.

Peter Sylvester
(d. i. Peter Lufft)

Felten's Restaurant

LACHS
DER KÖNIG DER FISCHE

Am liebsten soll er ganz wild sein – und flamingofarben dazu.
Doch Lachs ist nicht gleich Lachs, auch wenn seine Farbe modisch besticht und verführerisch leuchtet. Das so geschätzte Rosenrot seines Fleisches sagt weder etwas über die Qualität und schon lange nichts über den zarten Geschmack aus. Denn die schöne Farbe erhält der Fisch nur, wenn er genügend Kleinkrebse frißt.
Da sich Lachs jedoch vor allem durch seine rosafarbene Leuchtkraft verkauft, verwenden manche Züchter Fischmehlpillen, die computergesteuert dem Lachs ins Maul fließen – durch das enthaltene Karotin errötet er wunschgemäß.
Ein Grund, warum die Lachsfischer an der Ostsee stöhnen. Für ihre wohlschmeckenden Fänge erhalten sie weniger Geld, denn diese ernähren sich »farblos«, d. h. sie bleiben hell unter ihrem Schuppenkleid.
Das Feinste vom Feinen: Lachs aus Alaska – dort sind Zuchtlachsfarmen verboten, der König der Fische ist wunderbar aromatisch, wild und kostbar.

Okerlachs im Wirsingmantel

400 g Lachsfilet
(Mittelgräte für den Sud mitgeben lassen)
400 g Wirsing
200 g Champignons
1 Zwiebel
2 Zitronen, Salz, Pfeffer
1 Becher Schmand
1 Eigelb
50 g Butter
1 Vollkornblätterteig (tiefgefroren)

Für 4 Personen

Das Lachsfilet mit Zitronensaft beträufeln. Den Wirsing blanchieren und die einzelnen Blätter abkühlen lassen. Champignons kleinschneiden, Zwiebel ebenfalls. Den Vollkornblätterteig 20 Minuten auftauen lassen und einen glatten Teig legen. Ränder überlappen, sonst hält es nicht zusammen. Darauf die Wirsingblätter zur Hälfte auslegen, Champignons und Zwiebel ebenfalls zur Hälfte und dann das Lachsfilet daraufbetten. Mit restlichem Gemüse zudecken und den Teig wie einen Mantel herumschlagen.

Backblech abspülen und Lachsfilet bei 220 Grad 30 Minuten backen. Nach 20 Minuten Eigelb aufpinseln.

Die Sauce aus dem Fischsud (dafür Fischgräte $^{1}/_{2}$ Stunde lang in 1 l Wasser auskochen, würzen) mit Schmand und kalter Butter herstellen. Zuletzt mit Zitronensaft abschmecken.

Rezept von Ilona Büttenbender

Natürlich gibt es in der Oker keine Lachse, aber der Kunsthistoriker und Künstler Peter Lufft hat dieses Gericht so getauft, nachdem wir uns eines Abends mit lauter fröhlichen Menschen daran erfreuten.

BEMERKUNGEN ÜBER DEN BRATEN

Da dieser Abschnitt auch die Bereitung des Bratens umfaßt, so wird hier der passende Ort sein, etwas über die zweckmäßigste Bereitung desselben zu erwähnen, damit später lästige Wiederholungen vermieden werden können. Es ist in den nachfolgenden Vorschriften nirgends auf den Spießbraten Bezug genommen, und zwar hauptsächlich, weil derselbe aus den Küchen der heutigen Zeit verschwunden zu sein scheint und man ihn nur noch in den Küchen ersten Ranges und auch dort nicht einmal täglich findet. Die Erfindung und Verbesserung der Bratöfen macht dies erklärlich. Wenn gleich nicht zu leugnen ist, daß der Spießbraten in seinem feinen Geschmacke und in seiner Saftigkeit Vorzüge besitzt, welche der Ofenbraten bei der aufmerksamsten Behandlung nicht erreicht, so hat er doch, besonders für kleinere Haushaltungen, den Nachteil (ganz abgesehen von dem größeren Holzverbrauche und dem Raume, welchen man dem Bratenfeuer auf dem Herd einräumen muß), daß er keine Bratenbrühe wie der Ofenbraten bei guter Behandlung liefert; und wie viele, oder vielmehr wie wenige äßen wohl ihren Braten ohne gute Bratenbrühe (auch »Jüs« genannt). Wir verweisen diejenigen, welche den Spießbraten lieben, auf die neuen Bratspieße, welche in jedem Haushaltungsgeschäft zu haben sind und deren genaue Beschreibung vorliegt...

Aus »Scheiblers Kochbuch von 1894«.

FLEISCH UND GEFLÜGEL

Braunschweiger Sauerfleisch

600 g mageren Schweinenacken
Zwiebel
Nelken, Lorbeerblatt, Senfkörner
Pfefferkörner, Piment, Salz
$^1/_8$ l Essig
$^1/_2$ Maggi-Würfel
1 Päckchen und 1 Blatt Gelatine
4 Eier
4 Essiggurken

Für 6 Personen

Omas Lieblingsrezept, das sie jedes Jahr zu ihrem Geburtstag hervorkramte und kochte.

Schweinenacken mit Salz, kleingehackter Zwiebel, Nelken, Lorbeerblatt, Senfkörnern, Pfefferkörnern, Piment in 1 l kochendes Wasser geben und 1 Stunde kochen. Essig und Maggiwürfel dazugeben. Noch $^1/_4$ Stunde weiterkochen.

Gelatine anrühren, Fleisch herausnehmen, Brühe sieben, Gelatine in heiße Brühe geben. Eier hartkochen, Gurken kleinschneiden. Fleisch, Ei- und Gurkenscheiben abwechselnd in eine Schale schichten, Brühe dazugießen und kaltstellen.

Rezept von Sandra Wolf

Wildschweinkeule mit Birnen und Preiselbeermus

1 Wildschweinkeule, mittelgroß
5 Eßlöffel Sonnenblumenöl
2 Gläser Madeira
1 Zwiebel
Wacholderbeeren, Koriander, Lorbeerblätter
$^{3}/_{4}$ l Fleischbrühe
4 Eßlöffel Crème fraîche
4 Eßlöffel Preiselbeermarmelade
1 Dose Birnen (Hälften)
Zitronensaft
Pfeffer, Salz, Zucker

Für 4–5 Personen

Fleisch abspülen, mit Salz, Pfeffer, Koriander würzen. In heißem Öl anbraten und restliche Gewürze hinzugeben. 15 Minuten braten, dann Madeira zugeben und im vorgeheizten Backofen bei 180 Grad $1^{1}/_{2}$ Stunden weiterbraten. Nach 1 Stunde die Fleischbrühe zugießen. Aus Preiselbeermarmelade und Crème fraîche, Zitronensaft und Zucker mit dem Pürierstab ein Mus herstellen. Dieses in die abgetropften Birnenhälften füllen. Mit frischem Weißbrot servieren.

Rezept von Maria Albert

DAS JAGDESSEN

Jagdmorgenfrühstück

Morgens, ehe man zur Jagd aufbricht, namentlich wenn es sich um Jagdeinladungen auf dem Lande handelt, ist der Frühstückstisch im Eßzimmer oder im Jagdhaus in der Halle nett gedeckt, meist mit einer dunkelfarbigen Decke und einem Strauß Feldblumen, jungen Maibrüchen, im Winter Tannengrün. Die Griffe der Bestecke sind häufig aus Geweihen, dazu irdenes Tongeschirr oder Fayence. Auf dem Tisch die dickbäuchige Kaffeekanne oder -maschine, mit einem gemütlichen Kaffeewärmer, damit der Kaffee schön warm bleibt. Auf solch einen Frühstückstisch gehört schon allerlei, vor allem auch guter Schnaps, wie Korn, Enzian, Kirschwasser, um den Magen gut anzuwärmen, da es ja morgens oft bitter kalt ist. Deshalb wird morgens auch häufig schon warme Suppe gereicht. Außerdem Brot, Butter, Schinken, Wurst, Eier, Speck. Namentlich gebratener Schinkenspeck ist vor der Jagd sehr empfehlenswert, da er ungeahnte Kräfte verleihen soll und vermöge seines Fettgehaltes eine hohe wärmespendende Kalorienzahl enthält.

Nach der Jagd (Gabelfrühstück)

Nach der Jagd haben die Jäger gewöhnlich tüchtigen Heißhunger. Deshalb freuen sie sich vornehmlich an kalten Tagen sehr auf das wärmende Jagdfrühstück. Der Tisch ist wie zum ersten Frühstück gedeckt, hier ist wiederum Bauernfayence beliebter als Porzellan. Eine warme Suppe dampft den Jagdgästen appetitlich entgegen, eine »stramme«, wie der Jäger in seiner Sprache sagt. Erbsen-, Linsen-, Bohnensuppen, mit Brühe gekocht, mit Wurst und Fleisch machen selbst den Kältesten wieder warm. Eine schöne Wild- oder Ochsenschwanzsuppe kann zur Abwechslung dienen. Pökelbraten, Eisbein mit Sauerkraut und Erbsenpüree, Kasseler Rippenspeer oder Rinderbrust, auch Räucherzunge mit Gemüsen oder frische Rinderbrust mit Brüh- und Béchamelkartoffeln sind beliebte Jagdfrühstücksgerichte. Dazu Schmor- oder Sauerkohl, ebenso anderes Gemüse nach der Jahreszeit...

Das Jagdessen (abends)

Das abendliche Jagdessen, nachdem die »Strecke erledigt« ist, gehört zu den gesellschaftlichen Angelegenheiten. Entweder im roten oder schwarzen Frack, je nachdem man zur Fuchs-, Schnitzel- oder gewöhnlichen Jagd gebeten wurde. Teils mit, teils ohne Damen – das hängt davon ab, ob Damen an der Jagd teilnehmen: Meist ists aber nur ein Herrenessen, bei dem die Hausfrau lediglich die Arbeit des Kochens oder Tischdeckens ausübt. Originelle Tischdekorationen beleben die Tafel, manche Hausfrauen sind geradezu erfinderisch auf dem Gebiet…

Elsa Herzog »Wie mache ich meinen Mann glücklich«. Ein Buch vom geschmackvollen Haushalt. August Scherl G.m.B.H. 1930

Schweinebraten deftig

2 kg Schweinebraten mit Schwarte
4 Möhren
2 Zwiebeln
1 Stange Lauch
$^1/_4$ l Bratensaft (kann auch ein Fertigprodukt sein)
1 Eßlöffel Mondamin
Salz, Pfeffer, Majoran

Für 10 Personen

Den Schweinebraten auf der Schwarte einschneiden, mit Salz einreiben. Im Bräter $^1/_8$ l heißes Wasser auffüllen, mit dem Braten in den vorgeheizten Ofen schieben und bei 220 Grad (Gas 4) 35 Minuten braten. Lauch, Zwiebeln und Möhren schälen und kleinschneiden und um den Braten herum legen. Bei Bedarf Wasser nachgießen. Den Backofen auf 180 Grad herunterschalten (Gas 2–3) und den Braten weitere 2 Stunden braten. Immer bei Bedarf etwas Wasser nachgießen, $^1/_2$ Tasse alle 30 Minuten, damit die Kruste gelingt. Fleisch herausnehmen. Für die Sauce den Bratenfond mit dem Bratensaft auffüllen, vorsichtig mit dem in Wasser verrührtem Mondamin andicken. Mit Salz, Pfeffer und Majoran würzen. Wer die Sauce lieber glatt ißt, sollte den Bratenfond durch ein Sieb gießen.

Garzeit ca. 3 Stunden.

Rezept von Lieselotte Penk

Wenn's draußen schön kalt ist und drinnen die Gäste sich in heißen Diskussionen ereifern, wirkt ein deftiger Schweinebraten Wunder. Da regen sich sogar die größten Hitzköpfe vorübergehend ab und die Schüchternen werden plötzlich redselig.

KALBSRÜCKEN

150–200 g Kalbsrücken
$^{1}/_{2}$–1 Teelöffel Pfefferkörner
$^{1}/_{2}$–1 Teelöffel Wacholderbeeren
Salz
Butter

Zutaten pro Person

Wacholderbeeren und Pfefferkörner nacheinander in einem Mörser grobstampfen.

Kalbsrücken damit einmassieren und reichlich (!) salzen.

In einem großen rechteckigen Bräter (ohne Deckel) das Fleisch so in Butter anbraten, daß sich nur die Poren schließen. Die Butter darf nicht braun, das Fleisch soll nur weiß werden.

Butter auf das Fleisch legen und Bräter in den auf 140 Grad vorgeheizten Backofen schieben. Es muß soviel Butter genommen werden, daß nach dem Zerlaufen das Fleisch zu etwa einem Viertel darin liegt.

Garzeit: ca. $2^{1}/_{2}$ Stunden

Rezept von Anne Wilhelm

Ente im Römertopf mit Hagebuttensauce

1 große Flugente
Salbeiblätter
Salz, Pfeffer grob gemahlen
Hagebuttenmarmelade
1 Becher saure Sahne
Zitronensaft

Für 4 Personen

Römertopf 2 Stunden wässern. Flugente in den gewässerten Topf legen und kräftig salzen, mit grobem Pfeffer bestreuen und nach Geschmack mit Salbeiblättern belegen.

Mindestens 3 Stunden bei 200 Grad im geschlossenen Römertopf im Backofen braten. Fett abgießen, Topf mit geöffnetem Deckel 10 Minuten im Backofen lassen. Salbeiblätter entfernen.

Für die Sauce Bratenfond herauskratzen und mit der Hagebuttenmarmelade, der Sahne und dem Zitronensaft verrühren. Nachwürzen bei Bedarf.

Rezept von Uta Neufeldt-Hügin

Wilhelm Busch: Der Braten ist weibliche Charaktersache

Es wird mit Recht ein jeder Braten
Gerechnet zu den guten Taten;
Und daß man ihn gehörig mache,
Ist weibliche Charaktersache.
Ein braves Mädchen braucht dazu
Mal erstens reine Seelenruh,
Daß bei Verwendung der Gewürze
Sie sich nicht hastig überstürze
Dann, zweitens braucht sie Sinnigkeit,
Ja, so zusagen Innigkeit
Damit sie Alles appetitlich,
Bald so, bald so und recht gemütlich
Begießen drehn und wenden könne,
Daß an der Sache nichts verbrenne.
In Summo braucht sie Herzensgüte
Ein sanftes Sorgen im Gemüte,
Fast etwas Liebe insofern
Für all die hübschen edlen Herrn
Die diesen Braten essen sollen
Und immer gern was Gutes wollen.
Ich weiß daß hier ein Jeder spricht:
Ein böses Mädchen kann es nicht.
Drum hab ich mir auch stets gedacht,
Zu Haus und anderwärts:
Wer einen guten Braten macht,
Hat auch ein gutes Herz!

Schweinefilet mit Estragon

2 Schweinefilets (ca. 800 g)
2 Eßlöffel Senf
2 Teelöffel Estragon (frisch oder getrocknet)
60 g Butter
200 g Sahne
Salz, Pfeffer

Für 4–6 Personen

Excellent mit Wildreis!

Schweinefilets waschen, abtrocknen und wenn nötig, enthäuten.

Mit Salz und Pfeffer einreiben. Senf mit kleingehacktem Estragon verrühren und die Filets damit einreiben. In heißer Butter knusprig anbraten, dann Hitze sehr reduzieren – oder gar abschalten. Deckel auf den Bräter legen und das Fleisch ca. 12 Minuten ziehen lassen, dann herausnehmen, warm stellen. Bratensud lösen, Sahne einrühren und sofort servieren.

Rezept von Gertrud Kiefer

Welfenbraten weiss/gelb

1 kg Kalbfleisch
1 kg Zwiebeln
$^3/_4$ l Weißwein
je 1 Teelöffel Majoran, Thymian, Estragon
(möglichst frisch)
1 Lorbeerblatt
Kartoffelmehl
200 ml Sahne
Safran
Salz, Pfeffer
4 große Möhren
4 Tomaten
$^1/_4$ Sellerie

Für 4 Personen

In einen großen Bräter Kalbfleisch (gewaschen und getrocknet) legen. Zwiebeln achteln und um den Braten herum legen. Kleingehackter Majoran, Thymian, Estragon darüberstreuen. Salzen und pfeffern. Mit Weißwein so auffüllen, daß der Braten bedeckt ist. Auf kleiner Flamme 4 Stunden köcheln lassen. Die verkochte Flüssigkeit wieder mit Weißwein auffüllen, Lorbeerblatt dazu und über Nacht ziehen lassen.

Am nächsten Tag Lorbeerblatt entfernen, 4 Tomaten vierteln, Möhren und Sellerie in Würfel schneiden und ebenfalls in den Bräter geben. Alles zusammen aufsetzen und kurz kochen lassen, bis der Braten gar ist. Dann herausnehmen und in Scheiben schneiden, mit Safran bestreuen und warm stellen. Die Flüssigkeit durch ein Sieb passieren, mit Sahne vermischen und angerührtem Kartoffelmehl abbinden. Bei Bedarf noch salzen und pfeffern.

Rezept von Regina Göhnermeier

Weiß/Gelb ist die Farbe der Welfen

Schladener Putenpfanne

500 g Putensteak
500 g Kalbsleber
1 Becher Schlagsahne
3 Knoblauchzehen
1 kleines Glas Korn
20 g Butterschmalz
2 Bund Petersilie
Pfeffer, Salz

Für 4 Personen

Das Fleisch (beide Sorten) in Würfel schneiden, in der heißen Pfanne mit dem Fett schnell anbraten, bis die Leber etwas steif ist. Ständig wenden, Korn, Schlagsahne dazugießen und bei großer Hitze einkochen lassen. Würzen und abschalten, Petersilie dazugeben und sofort servieren. Vorsicht, die Fleischstücke werden schnell hart; falls sie zu lange gebraten wurden, Deckel auf die Pfanne und bei sanfter Hitze 10 Minuten weiterschmoren, dann wird das Fleisch wieder weich.

Frische Kartoffeln oder Reis dazu schmecken wunderbar.

Rezept aus einem handgeschriebenen Kochbuch von 1958

WOCHENMARKT UND KOCHREZEPT

Der Markt zeigt ein ausgeglichenes, behäbiges Gesicht. Er überbordet nirgends. Keine großen Überraschungen. Aber es ist von allem da. Bohnen, zart und rank 20 bis 40 Pfg. Gurken dominieren. Salatgurken pro Stück 44 Pfg. Einlegegurken 10 Pfund DM 1,20, sie liegen nach Größe sortiert, die kleinsten klettern bis auf 40 Pfg. das Pfund. Und dazu Dill, ganze Gesträuche. Salat 15 bis 18 Pfg. Die Jahreszeit ist ihm nicht günstig, denn er stengelt und schießt Tomaten, fest im Fleisch, 35 bis 45, Zwiebeln pro Pfd. 25 Pfg. Außer schönen Pfifferlingen (1,60 bis 1,70 DM), ist von Pilzen nichts zu sehen.
Beim Obst sind die ersten Zwetschgen aufgetaucht zu 50 Pfg., ebenso die ersten Trauben zu Phantasiepreisen. Kleine Posten Johannisbeeren 35 bis 45, ausgewählte schwarze Kirschen 65, Heidelbeeren 70 bis 75 Pfg. Lackschwarze Brombeeren 60 bis 70. Pflaumen und Augustäpfel 3 bis 5 Pfund eine runde Mark. Sonst hat sich nichts geändert. Die Hausfrauen füllen ihre Taschen und gehen mit prallen Netzen und leerem Portemonnaie von dannen.

Gefüllte Täubchen
mit Pfifferlingen

Auf der Schatzsuche nach besonderen Genüssen entdeckte ich Täubchen. Die kleinen werden feilgehalten. Wer das Rupfen nicht scheut, sieht sich vor einer Delikatesse. Nach dem Ersten, am Sonntag, können wir uns das leisten. Ich nehme die Täubchen aus, ich bereite die Fülle. Ich nehme Zwiebackmehl, geriebene Mandeln, Butter, einen Löffel Zucker, eine Prise Salz und Muskat. Ich binde die Masse mit einem Ei. Ich fülle sie in den Kropf. Ich nähe ihn zu. Ich brate die Täubchen in reiner Butter. Ich vergesse nicht, sie zu begießen. Von Täubchen allein wird man nicht satt. Ich gebe dazu Pfifferlinge, die ich mit sanft angeschwitzten, fein geschnittenen Zwiebeln in Butter dünste, mit Sahne binde und mit gehackter Petersilie überstreue. Dazu frische Kartöffelchen. Ich wünsche uns und Ihnen guten Appetit.

Peter Sylvester
(Anfang der 50er Jahre, im August)

Gefüllter Heidschnuckenrücken

1 Heidelammrücken (ca. 2 kg)
1 Spitzkohl
4 Zwiebeln
Lorbeerblatt
2 Möhren
Petersilie, Salz, Pfeffer
150 g Champignons
1 Knoblauchzehe
3 Eßlöffel Olivenöl
1 altes Brötchen
1 Glas Milch
1 Eigelb

Für die Sauce:
75 g Butter
1 Glas Wermut
1 Becher Crème fraîche
Salz, Pfeffer

Für 6–8 Personen

Fleisch vom Knochen lösen und würzen. Es muß ein großes Stück sein, damit man die Füllung hineingeben kann. Spitzkohl entblättern und blanchieren. Champignons und kleingehackte Zwiebel kurz anbraten, am Ende durchgepreßte Knoblauchzehe hinzufügen. Abkühlen lassen. Brötchen in Milch einweichen, mit dem Eigelb erwärmen und zermusen. Petersilie, Salz und Pfeffer hinzufügen und beiseite stellen. Möhren fein raspeln, mit den Champignons und den Zwiebeln vermischen.

Vorsichtig die Pilze, Zwiebel, Möhren mit dem Milch-Brötchenmus mischen. Auf das aufgeklappte Fleisch die Kohlblätter ausbreiten und mit dieser Farce bestreichen. zuklappen und zubinden. In heißem Öl ringsum anbraten, dann im Ofen langsam bei 180 Grad (Gas Stufe 3) garen. Für die Sauce den Bratenfond mit der Crème fraîche mischen und ganz kalte Butterflöckchen einschlagen (in einer extra Pfanne). Dazu passen vorzüglich grüne Nudeln oder ein Kartoffelgratin.

Rezept von Rita Bruchmann

Gänseklein im Weisskohlbettchen

500 g Gänseklein
2 Gänsekeulen
300 g Möhren
300 g Kartoffeln
1 kg Weißkohl
1 Stange Lauch
Suppengrün
Lorbeerblätter
Thymian, Salz, Pfeffer
3 Zwiebeln
2 Bund Petersilie

Für 6 Personen ein deftiger Winterschmaus

Gänseklein mit Suppengrün anbraten. die Keulen, Knoblauch (ausgepreßt), Lorbeerblätter dazugeben, weiterbraten. Mit 2 l Wasser auffüllen und $1^1/_2$ Stunden köcheln. Weißkohl hobeln, waschen, Möhren und Kartoffeln schälen und kleinschneiden. Lauch in Ringe schneiden, waschen. Das Fleisch aus der Brühe nehmen, dafür den Kohl hineingeben und kochen. Nach 30 Minuten Kartoffeln und Möhren dazugeben und weitere 30 Minuten sanft köcheln. Das Fleisch von den Gänsekeulen lösen und mit dem Lauch in den Eintopf gaben.

Noch eine $^1/_4$ Stunde ziehen lassen. Mit Gewürzen abschmecken und mit Petersilie bestreut servieren.

Rezept von Pia Dörfler

»Wenn so ein Fleischchen weiß und mild im Kraute liegt, das ist ein Bild wie Venus in den Rosen...«
Ludwig Uhland

Was Topf und Pfann' erzählen kann

»Kennt ihr die Geschichte vom Hänschen?«
Fragte aus der Pfanne das Gänschen.
»Im Garten promenierte Hänschen,
um einen Blumenstrauß zu pflücken;
Er traf ein rundes fettes Gänschen
und kletterte auf seinen Rücken.
»Ha!«rief der Hans, »jetzt kann ich reiten.
Ich reite nach Amerika –
Dort gibt es keine Schularbeiten,
in vierzig Tagen sind wir da!«
Ein Taschentuch nahm er als Zügel,
der Sattel war bequem und weich,
da plötzlich hob die Gans die Flügel
und flog auf einen großen Teich.«

»Das Gänschen schwamm durchs Wasser munter,
Hans strampelte und schrie zuletzt;
Das Gänschen tauchte dreimal unter
und hat ihn dann an Land gesetzt.
Hans kam nach Hause ohne Zügel
und war vor Angst und Schrecken blaß,
denn erstens kriegt er arge Prügel,
und zweitens war er klitschenaß.«

»Hört!« rief die Kartoffel, »ich weiß eine tolle
Geschichte von einer Zauberknolle,
die einen Regenwurm in ein Blatt
und dann in ein Heupferd verwandelt hat!«
Und die Kartoffel wollte beginnen – –
da war kein Wasser im Topf mehr drinnen.
So platzte ihr schönes Kartoffelkleid.
»Ach!«, jammerte sie, »es tut mir ja so leid,
ich würde euch gern die Geschichte erzählen,
doch ist es zu spät – ich muß mich jetzt schälen.«

Joachim Ringelnatz: Das große
Ringelnatz-Kinderbuch /
Ill. von Rolf Rettich
Berlin: Henssel 1989

Die Zwiebelsauce stammt aus Urgroßmutter Lottchens Kochbuch aus dem Jahre 1880. Frau Steinmetz aus Wolfenbüttel hat einige kulinarische Schätze daraus entnommen, die sie immer wieder gerne nachkocht.

Rinderzunge in Zwiebelsauce

1 kg Rinderzunge
Suppengrün
Lauch
Salz, Pfeffer

Für die Sauce:
4 weiße Zwiebeln (klein)
75 g Butter
$^{1}/_{4}$ l süßen Rahm
$^{1}/_{4}$ l Fleischbrühe
Salz, Pfeffer
3 Eßlöffel Mehl

Für 4–6 Personen

Zunge unter fließendem Wasser waschen und abtrocknen. Mit dem Suppengrün, Lauch, Salz und Pfeffer in 2 l kochendem Salzwasser $1^{1}/_{2}$ Stunden (oder mehr) kochen lassen. Dann herausnehmen. Nach dem Abkühlen Haut abziehen und in 3 cm dicke Scheiben schneiden.

Die weißen Zwiebeln in dünne Scheibchen schneiden, in der Butter(glasig) leicht anbraten, ohne daß sie sich verfärben. Aus dem Mehl eine helle Mehlschwitze zubereiten, die dann mit dem Rahm und der Fleischbrühe verkocht wird. Mit den Zwiebeln unter fleißigem Umrühren gut durchkochen, mit Salz und Pfeffer würzen und vor dem Servieren durch ein Haarsieb seihen.

Altstadtmarkt um 1910
(Foto: Käthe Buchler)

Ein new Kochbuch/
Das ist/

Ein Gründtliche Beschreibung / wie man recht vnd wol/ nicht allein von vierfüssigen/ heymischen vnd wilden Thieren / sondern auch von mancherley Vögel vnnd Federwildpret / darzu von allem grünen vnd dürren Fischwerck/ allerley Speiß/ als gesotten/ gebraten/ gebacken/ Presolen/ Carbonaden/ mancherley Pasteten vnd Füllwerck/ Gallrat/etc. auff Teutsche/ Vngerische/ Hispanische/ Italianische vnd Frantzösische weiß/ kochen vnd zubereiten solle: Auch wie allerley Gemüß/ Obs/ Salsen/ Senff/ Confect vnd Latwergen/ zuzurichten seye.

Auch ist darinnen zu vernemmen/ wie man herrliche grosse Pancketen/ sampt gemeinen Gastereyen/ ordentlich anrichten vnd bestellen soll.

Allen Menschen/ hohes vnd nidriges Standts/ Weibs vnd Manns Personen/ zu nutz jetzundt zum ersten in Druck gegeben/ dergleichen vor nie ist außgegangen/

Durch

M. Marxen Rumpolt/ Churf. Meintzischen Mundtkoch.

Mit Röm. Keyserlicher Maiestat special Priuilegio.

1 5  8 7.

Sampt einem gründtlichen Bericht/ wie man alle Wein vor allen zufällen bewaren/ die bresthafften widerbringen/ Kräuter vnd andere Wein/ Bier/ Essig/ vnd alle andere Getränck/ machen vnd bereiten soll/ daß sie natürlich/ vnd allen Menschen vnschädtlich/ zu trincken seindt.

Titelblatt eines deutschen Kochbuches aus dem Jahr 1587

Rinderfilet im Blätterteig

1 Paket tiefgefrorener Blätterteig
1 kg Rinderfilet
4 Eßlöffel Sesamöl
4 Eßlöffel mittelscharfen Senf
2 Eßlöffel Honig
Salz, Pfeffer, Aniskörner

Blätterteig antauen lassen. Das Fleisch in heißem Öl ringsum 15 Minuten anbraten, eventuell 5 Minuten mehr. Aus Senf, Honig, Salz, Pfeffer und Aniskörnern eine Paste herstellen und diese auf das zum Rechteck ausgewellten Blätterteig streichen. Filet darauf legen und mit dem Teig zudecken. (Zur Not, wenn der Teig nicht ausreicht, von einem weiteren Paket eine Scheibe als »Decke« nehmen).

In den vorgeheizten Backofen auf ein kalt ausgespültes Backblech geben und bei 225 Grad ca. 25–35 Minuten braten.

Im abgeschalteten Ofen 5–10 Minuten stehen lassen, erst dann aufschneiden.

Rezept von Sabine Hoffmann

Hasenbraten mit Speckscheiben

1 junger Hase
Salz, Pfeffer, Bratbutter
100 g Räucherspeck
1 Lorbeerblatt
1 Zitrone
Zwiebeln, Nelken
1 Mohrrübe
1 Petersilienwurzel
$^1/_8$ l saure Sahne
Brühe
1–2 Teelöffel Stärkemehl

Den vorbereiteten Hasen salzen, pfeffern und die Läufe abtrennen. Die Wildstücke mit dünnen Speckscheiben umwickeln, dann auf Speckscheiben in der Bratpfanne legen und mit heißer Butter übergießen. Lorbeerblatt, Zitronenscheiben, Zwiebeln und Nelken nur sparsam verwenden. Die Mohrrübe und die Petersilie zur Verbesserung der Sauce beifügen. Die Hasenstücke unter fleißigem Beschöpfen von außen braun und innen rosa braten. Den Bratensatz mit Sahne und Brühe durchkochen und mit dem angerührten Stärkemehl binden. Die Sauce mit Zitronensaft abschmecken.

Den Hasenbraten mit Klößen – je nach Geschmack – mit Preiselbeeren, Apfelmus und geschmorten Pilzen auftragen.

Rezept von Margot Lübke

Lammrücken mit Kräuterkruste

1 Lammrücken (ca. 2 kg)
Salz, Pfeffer, Knoblauchzehe
Fleischfond (1 Glas)
1 Zwiebel (gehackt)
1 Bund Petersilie
1 Bund Schnittlauch
2 Lauchzwiebeln
4 Eßlöffel Paniermehl
Butter
3 Eßlöffel Olivenöl

Lammrücken mit Salz, Pfeffer und Knoblauch (ausgepreßt) einreiben, scharf in der Pfanne mit Öl anbraten. Mit Fleischfond und gehackter Zwiebel in eine Glasform füllen und im vorgeheizten Backofen bei 180 Grad ca. 1 Stunde (testen!) garen, einmal umdrehen. Warm stellen.

Die Brühe mit den Zwiebeln durch ein Sieb streichen und warmstellen.

Petersilie mit Schnittlauch und Lauchzwiebeln wiegen, mit Paniermehl und zerlassener Butter zu einer Paste mischen und den fertigen Lammrücken damit einstreichen und nochmals kurz im Backofen mit Butterflocken überbacken.

Dazu: Bohnen mit ausgelassenem Speck oder Weißbrot oder Petersilienkartoffeln.

Rezept von Brigitte Voigt

Wildschwein mit Selleriepüree

1 Wildschweinkeule
Salz, Pfeffer
$^1/_2$ l Kartoffelwasser
$^1/_2$ l Rotwein, wenn nötig mehr
4 Eßlöffel Becel-Creme
5 Wacholderbeeren

Keule abziehen, salzen und pfeffern. Becel-Creme darüber gießen. Im vorgeheizten Backofen bei voller Hitze 5 Minuten anbraten, dann die Hitze auf ca. 150 Grad herunterstellen und Keule schmoren lassen. Ständig mit Rotwein und Kartoffelwasser begießen, die letzte $^1/_4$ Stunde keine Flüssigkeit mehr zugeben, damit die Haut schön knusprig brät.

Für die Sauce den Bratenfond durch ein Sieb geben, leicht mit Weizenpuder andikken.

Rezept von Winifred Lucks

Selleriepüree

2 Knollen Sellerie
2Eßlöffel Essig
Zitrone
2 Eßlöffel Sahne
1 Eßlöffel Butter (oder weniger)
Salz, Pfeffer

Sellerie im Ganzen in Salz oder Essigwasser kochen, bis er ganz weich ist. Pürieren und mit Zitrone, Pfeffer, Salz, Sahne und ein wenig Butter abschmecken.

Selleriewasser für Suppe aufheben und einfrieren.

Das Kartoffelwasser stammt von Salzkartoffeln. Es kann gut eingefroren und bei Bedarf dann verwendet werden. Exzellent für Bratenbegießen!

Braunschweiger Kochschülerinnen (um 1910)

Tauben- oder Hühner-Pastete für 15 Personen

10 junge Tauben oder 4 große junge Hähne
Speck zum Spicken
120 g Butter
10 Schalotten (kleingehackt)
10 Eßlöffel Petersilie (gewiegt)
5 Sardellen (gewiegt)
2 Eßlöffel Kapern
4 Pakete Blätterteig (tiefgefroren)

Farce:
$^1/_2$ kg Butter
$^1/_2$ kg Speck
$^1/_2$ kg Schweinefleisch
$^1/_4$ kg Kalbfleisch
375 g Leber
125 g Sardellen
$^1/_2$ kg Pilze
3 Semmeln
Kapern, Salz, Pfeffer

Rezept aus dem braunschweigischen Kochbuch von Elise Gerecke

Das Brustfleisch und die kleinen Keulen von jungen Tauben oder großen jungen Hähnen mit Speck spicken und in hochgelber Butter mit den Schalotten, Petersilie und den gewiegten Sardellen $^1/_2$–$^3/_4$ Stunde dämpfen und nachdem das Fleisch in der Brühe erkaltet ist, in Scheiben schneiden.

Sämtliche Ingredienzien für die Farce so fein wie möglich wiegen (heute durch den Fleischwolf drehen), Semmeln im Wasser einweichen und alles zusammen gut durchkochen.

Eine Auflaufform oder Pastetenform mit Blätterteig auslegen, dann zunächst die Farce, darauf eine Schicht Taubenfleisch, über welches etwas von der kräftigen Brühe gegossen wird, worin das Fleisch gedämpft wurde, dann Farce, danach Fleisch mit ganz wenig Brühe, noch einmal Farce, so daß man drei Lagen Farce und 2 Schichten Fleisch hat. Das Deckblatt aus Blätterteig fest verschließen, so daß das Ganze luftdicht abgeschlossen ist. Die Pastete im Backofen 2 Stunden backen, Teigdeckel mit Eigelb bestreichen (nach der Hälfte der Zeit) und etwas abkühlen lassen. Dazu wird holländische Sauce gereicht.

Dieses Rezept ist im Original noch viel aufwendiger, der Blätterteig wird selbstverständlich von 250 g Butter usw. selbst hergestellt. Außerdem werden als Zutaten Trüffel genannt, die heute nur sehr kostspielig zu bekommen sind. (Originalrezept S. 118 in: Die braunschweigische Küche, Wolfenbüttel (ca. 1880), Verlag von Julius Zwißler)

Schmidt's Zusammengekochtes

200 g Rippenspeck
1 kg Braunschweiger Mettwurst
5 Zwiebeln
1 kleine Dose Tomatenmark
3 Paprika
1 Paket Erbsen (tiefgefroren)
1 Bund Möhren
1 Dose weiße Bohnen
2 Äpfel
2 saure Gurken
100 g Oliven
100 g Krabben
1 Becher saure Sahne
Pfeffer, Salz, Zucker

Für 4–6 Personen

Weitere Zutaten nach Geschmack und Fantasie, auch Reste sind geeignet. Alles kleinschneiden, Speck anbraten, Wurst dazu, später Zwiebeln und Tomatenmark unterrühren, Deckel zu. Weitere Zutaten je nach Garzeit beigeben, zuletzt die Gewürze, Krabben und saure Sahne.

Das Zusammengerührte ist wie ein dikker Eintopf, die Zutaten sollen bißfest sein. Ein ideales Essen für hungrige Überraschungsgäste.

Rezept von Horst Schmidt

Pottsuse

1 kg Schweineschulter
250 g Gänseschmalz
2 Zwiebeln
2 Knoblauchzehen
1 Teelöffel schwarzen Pfeffer
25 g Salz oder weniger/mehr nach Geschmack
1 Lorbeerblatt
1 Eßlöffel Majoran
1 Eßlöffel Thymian

Schweinefleisch in grobe Würfel schneiden, Zwiebel in Ringe schneiden, Knoblauchzehen grob hacken, Schmalz zerlassen. In das geschmolzene Fett Zwiebel, Knoblauch hineingeben und leicht andünsten lassen, dann das Fleisch dazutun und die Gewürze überstreuen. Auf sehr kleiner Flamme ca. 3 Stunden köcheln lassen.

Lorbeerblatt entfernen und mit dem Holzlöffel das Fleisch zerstampfen. Portionsweise noch heiß in kleine Gefäße abfüllen, erkalten lassen.

Dazu Bauernbrot und saure Gurken.

Rezept von Gertrud Schmidt

Küchenzettel.

In nachstehendem sind an der Hand selbstgemachter Erfahrungen zwei Küchenzettel aufgestellt worden für den Bedarf zweier Familien von je 4—5 Personen (Mann, Frau, 2 Kinder und 1 Dienstmädchen). Es ist hierbei auf ein monatliches Wirtschaftsgeld von 100 Mark, im anderen Falle von 200 Mark gerechnet; die Preise sind den Verhältnissen einer größeren Stadt Mitteldeutschlands angepaßt.

Für Kaffee, Frühstück und Vesperbrot sind dabei wöchentlich 7, bez. 10 Mark gerechnet und wird dies nicht im einzelnen weiter angeführt werden.

I. Einfacher Küchenzettel (100 Mark monatlich).

Da es in einem einfachen Haushalt nicht immer möglich ist, Fleisch zu Suppe und Gemüse zu kochen, eine verdünnte Fleischbrühe aber weder wohlschmeckend noch nahrhaft ist, so sei hierdurch auf die Suppenpräparate hingewiesen, bei denen Wohlgeschmack und Nährwert mit Billigkeit und Bequemlichkeit verbunden ist. Besonders sind die Knorrschen Fabrikate zu empfehlen; eine Suppentafel für 20 Pfennige giebt 5 Teller gute Suppe. Eine andere Aushilfe ist der Fleischextrakt; während zur Verbesserung von Sosen oder dünner Fleischbrühe der altbewährte Fleischextrakt von Liebig bevorzugt wird, ist zur Bereitung von Suppen ohne Bouillon Cibils flüssiger Fleischextrakt zu empfehlen, 1 Kaffeelöffel Extrakt, der 4 Pfennige kostet, giebt, nur mit heißem Wasser vermischt, 1 Tasse sehr wohlschmeckende Fleischbrühe, von frischgekochter nicht zu unterscheiden.

Bei den zeitweilig hohen Butterpreisen ist es geraten, mit frischer Butter beim Kochen möglichst zu sparen. Sie ist durchaus nicht so unentbehrlich, als manche Hausfrau denkt; ein vorzüglicher Ersatz dafür ist das mit Milch ausgekochte Rindsnierenfett (s. Vorbereitungen Nr. 27), dem nicht der geringste Talggeschmack oder Geruch anhaftet, und das sogar für junges Gemüse, zum Braten von Leber und Beef-

Hackfleischtorte

350 g Hackfleisch gemischt
2 Scheiben Toast
50 g Zwiebeln gewürfelt
2 Eier
25 g Sahne
25 g Butter
100 g Deutscher Gouda in Scheiben
80 g Lauch, gebrüht
Zitronensaft
1/2 Eßlöffel Salz
1 Teelöffel Pfeffer
1 Paket Pasteten- oder Blätterteig tiefgefroren,
eventuell mehr für den Teigdeckel

Zwiebeln in Butter dünsten, kaltstellen. Petersilie und Zitronensaft zufügen. Toast in Streifen schneiden, in der Sahne mit dem Ei zerdrücken, alle anderen Zutaten bis auf Lauch und Gouda daruntermengen.

Pasteten- oder Blätterteig auftauen lassen, ausrollen. Eine runde Aluform mit dem Teig (Rest für Deckel aufheben) auslegen, ca. 2 cm Rand überstehen lassen.

Hackfleischmasse zur Hälfte fest eindrücken, darauf Goudascheiben legen (Hälfte) und die halbe Menge Lauch darüber verteilen. Dann wieder Hackfleischmasse, Gouda und Lauch schichten. Teigdeckel auflegen, mit den Rändern verbinden, in der Mitte ein Dampfloch einstechen.

Teigdeckel mit Ornamenten verzieren, mit Eigelb und Sahne bepinseln.

Backzeit: 35 Minuten bei 200–220 Grad.

Rezept der Fleischerei Moosmann

EIN GUTER RAT VON 1880

Um jungen Hausfrauen sowohl, als jungen Mädchen, welche sich dem naturgemäßen Beruf der Frau, der Erlernung des Haushaltes wie dem eng damit verbundenen Studium der Kochkunst widmen wollen, den richtigen Gebrauch dieses Buches leichter eingänglich zu machen, wodurch der Nutzen gesichert wird, welchen man davon erwartet, erlaube ich mir den Rat zu erteilen, vor allem das erst einer sorgfältigen Beachtung zu unterwerfen, was unter den Vorbereitungsregeln, wie auch bei denjenigen Abschnitten vorausgeschickt ist, welche noch eine besondere Belehrung notwendig erscheinen ließen.
Ebenfalls verdienen auch Suppen, Gemüse, Fleisch und Braten, die Grund-Elemente der norddeutschen Küche noch eine ganz besondere Aufmerksamkeit; hat sich die Schülerin in der Zubereitung derselben erst eine gewisse Fertigkeit angeeignet, wird sie mit Leichtigkeit und mit Hülfe des Kochbuches alle diejenigen Speisen anfertigen können, welche zu der Vervollständigung großer Mahlzeiten notwendig sind. Wenn Hausfrau oder Köchin sich eifrig bemüht, das Kochen als ein Vergnügen, nicht als eine Last zu betrachten, so wird durch Erlernung richtiger Einteilung und Sparsamkeit der Nutzen, welcher auf solche Weise einem trefflich geführten Haushalt selbstverständlich erwächst, zu immer größerem Eifer anfeuern…

Die braunschweigische Küche
Sammlung von selbst erprobten Recepten zur Bereitung von Speisen und Getränken, zum Einmachen von Früchten und Gemüsen nebst einer Anleitung über die braunschweigsche Hausschlachterei herausgegeben von Elise Gerecke, Leiterin einer Konserve-Fabrik Wolfenbüttel (ca. 1880), Verlag von Julius Zwißler.

DESSERTS UND SÜSSE AUFLÄUFE

TANTE LENE'S GRIESSPUDDING

150 g Grieß
150 g Butter
100 g Zucker
1 Prise Salz
$^{1}/_{2}$ l Milch
$^{1}/_{2}$ Zitrone, Saft und Schale
5 Eier

Von der Butter, dem Grieß und der Milch eine Einbrenne herstellen, dann die Zitrone darunter rühren, nach und nach die Eigelb dazutun. Wenn die Masse erkaltet ist, vorsichtig den steifen Eischnee darunter heben. Gut 1 Stunde im Wasserbad kochen.

Rezept von H. Lichert

Welfenspeise für Festtage und grosse Gesellschaften

1 l Milch
1 Zitrone, Saft und Schale
2 Päckchen Vanillezucker
100 g Mondamin
10 Eier
1/2 Flasche Weißwein
150 g Zucker

Für 10 Personen

Milch mit Zitronenschale und Vanillezucker zum Kochen bringen, Mondamin in Wasser auflösen und dazugeben. Die Masse unter ständigem Rühren aufkochen lassen. Eischnee schlagen, vorsichtig unter die Creme heben, in eine Glasschale füllen.

10 Eigelb, Wein, Zucker und Saft einer Zitrone auf dem Feuer so lange schlagen, bis die Creme anfängt Blasen zu werfen. Beinahe erkaltet wird diese gelbe Creme über die weiße Masse gegeben und so schmeckt die Welfenspeise in weiß/gelb ganz vorzüglich.

Rezept von Angelika Welzel

Errötendes Mädchen

4 Eier
150 g Zucker
1 Zitrone, Saft und Schale
6 Blatt rote Gelatine
1 Prise Salz

Für 4–6 Personen

Man rührt Eidotter mit Zucker recht dick und schaumig und fügt den Saft und die halbe Schale einer kleinen Zitrone hinzu, sowie ein wenig Salz und aufgelöste rote Gelatine (6 Blatt) und rührt die Masse, bis sie anfängt steif zu werden.

Dann fügt man den steifen Schnee schnell darunter und füllt sie in Glasschalen.

Statt Eischnee kann man auch Schlagsahne verwenden, was den Geschmack sehr verfeinert.

Rezepte aus einem handschriftlichen Kochbuch aus dem Elm

Verlobungsfeier

Rohrnudeln mit Blaubeerkompott

500 g Blaubeeren
50 g Gelierzucker
25 g Hefe oder 2 Teelöffel Trockenhefe
1 Glas warme Milch
300 g Mehl
75 g Butter
Salz
2 Eigelb

Für 8 Personen

Blaubeeren kurz mit etwas Wasser und dem Gelierzucker aufkochen, abkühlen lassen. Hefe in lauwarmer Milch und Zucker gehen lassen, 50 g Butter flüssig machen, mit dem Mehl, dem restlichen Zucker, einer Prise Salz und dem Eigelb zu einem weichen Teig verkneten. Mit Mehl bestäuben und zugedeckt an einem warmen Ort (z. B. auf dem Heizkörper) nochmals gehen lassen. Anschließend den Teig »durchhauen«, bis er sich gut von der Schüssel löst. Acht Kugeln formen und sie in eine mit Butter ausgepinselte Auflaufform setzen. Im Backofen auf 200 Grad 35 Minuten backen. Noch warm mit dem Blaubeerkompott servieren.

Rezept von Heike Morgenroth

Im Café Okerterrassen
(Foto: Ute Karen Walter)

Himmelsspeise

$^3/_4$ l Sahne
7–8 Blutorangen
$^1/_2$–1 Zitrone (Saft und abgeriebene)
etwas Zucker
6 Blatt Gelatine
Waffeln

Für 4–6 Personen

Sahne steif schlagen. Orangen auspressen, mit Saft und Schale der Zitrone und dem Zucker unter die geschlagene Sahne heben. Die im Wasser aufgelöste Gelatine hinzufügen, mit Waffeln garnieren und kaltstellen.

Rezept von Helga Kast

»Variation« aus Wobeck

In eine Glasschale legt man nach unten eine Schicht Apfelsinenscheiben, die man mit Zucker und gehackten Nüssen überstreut. Dann füllt man darüber eine Schicht Schlagsahne, danach eine Schicht Makronen, gefolgt wieder von einer Schicht Apfelsinenscheiben, Zucker und Nüssen und darauf garniert man wieder Schlagsahne.

STACHELBEERCREME

2 Päckchen weiße, gemahlene Gelatine
1 kg grüne Stachelbeeren
4 Eier
200 g Zucker
1 Päckchen Vanillezucker
1/8 l Sahne

Für 6 Personen

Gelatine mit einer Tasse Wasser in einem kleinen Kochtopf quellen lassen und bis zum Auflösen erhitzen (nicht kochen!). Anschließend erkalten lassen. Die Stachelbeeren in wenig Wasser gar dünsten, abkühlen und durch ein Sieb passieren. Das Püree muß einen Liter ergeben. Falls nötig, mit Wasser auffüllen. Eiweiß und Eigelb trennen. Das Eigelb mit Zucker und Vanillezukker schaumig rühren, mit dem Stachelbeerpüree und der Gelatine vermischen und kaltstellen. Unter die halbfeste Creme das steifgeschlagene Eiweiß und die steifgeschlagene Sahne heben. Zum Festwerden in den Kühlschrank stellen. Mit Stachelbeeren garniert servieren.

Rezept von Monika Kreinberg

Fürstenberg-Porzellan.
Sinn für Stil seit 1747. Ehemalige Herzoglich Braunschweigische Porzellanmanufaktur.

Rote Grütze

500 g gemischte Beeren
(Himbeeren müssen, Blaubeeren können,
Johannisbeeren sollten mit dabei sein)
250 g Kirschen (zur Not aus dem Glas)
$^1/_4$ l Saft
1 Päckchen Vanillezucker
$1^1/_2$ Päckchen Vanillepuddingpulver
100 g Zucker

Für 4 Personen

Beeren in einen Topf geben, vom Fruchtsaft 5 Eßlöffel wegnehmen, den Rest mit dem Vanillezucker zu den Früchten geben und 5 Minuten kochen. Fruchtsaft und Puddingpulver verrühren, zu den Früchten gießen, aufkochen lassen und mit Zucker süßen. Abkühlen lassen.

Rezept von Hannelore Steigertahl

Herzogs Auflauf

8 Eier
$^1/_2$ l süße Sahne
160 g Mehl
100 g Zucker
100 g geschmolzene Butter
30 g Hefe
Zitronenschale

Als Nachtisch für ca. 8 Personen ausreichend

Man rühre zu den Eidottern abwechselnd nicht ganz lauwarm gemachte süße Sahne, Mehl, Zucker, geschmolzene Butter, Zitronenschale und Hefe und zuletzt den Schnee. Diese Masse läßt man in einer ausgebutterten Form aufgehen und $^3/_4$ Stunden backen.

Man kann Fruchtsaft dazu reichen.

Rezept aus dem Kochbuch von Urgroßmutter Lottchen aus Wolfenbüttel (herausgekramt von Frau Steinmetz)

Süsse Festtagsspeise

1 Tasse Sago
Zitronensaft
Vanille
Zucker
$^{1}/_{4}$ l Weißwein
3 Eigelb
3 Eischnee

Sago mit Zitrone, Vanille und $^{3}/_{4}$ l Wasser und Zucker (je nach Bedarf) kochen, bis die Sagokörner weich sind.

Dann Wein hinzufügen und Eigelb unterschlagen. Eiweiß zu Schnee schlagen und vor dem Servieren damit garnieren.

Man kann diese Festtagsspeise auch mit Rotwein herstellen, muß sie dann vorher allerdings mit Zimt je nach Geschmack abschmecken.

Rezept von Margarete Schäfer

Lebkuchenparfait mit Himbeermus

250 g Lebkuchen
6 Eigelb
3 Eßlöffel Cognac
1/2 l Sahne
100 g Honig
1 Messerspitze Zimt
1 Paket Himbeeren
2 Eßlöffel Himbeergeist
50 g Zucker

Für 4–6 Personen

Lebkuchen ganz fein reiben. Honig erwärmen, Lebkuchen unterrühren und die Eigelb nach und nach hinzufügen. Mit Cognac und Zimt abschmecken, im Wasserbad unter ständigem Rühren kalt werden lassen.

Sahne steif schlagen und unter die Lebkuchenmasse geben. Im Gefrierschrank über Nacht kaltstellen, 1/2 Stunde vor dem Servieren herausnehmen.

Himbeeren mit dem Handmixer vermusen, mit Himbeergeist verrühren und je nach Süße mit Zucker abschmecken. Als Sauce zu dem Parfait geben.

Rezept von Barbara Hube

Ohrfeige
– eine Art gefüllter Pfannkuchen –

$^1/_2$ l lauwarme Milch
4–5 Eier
1 Eßlöffel Kartoffelmehl
1 Messerspitze Salz
Zitronenschale
1 Messerspitze Hirschhornsalz
1 Eßlöffel Butter
Marmelade oder Kompott
oder 2 Zitronen

In der lauwarmen Milch die Eidotter verquirlen, dazu Kartoffelmehl, Salz und Zitronenschale unterrühren. Eiweiß zu Schnee schlagen und das Hirschhornsalz untermischen.

Teig in der gefetteten Pfanne mit Deckel backen, bis die Oberseite trocken und gelb bzw. hellbräunlich ist, ungefähr 10 Minuten bei mittlerer Hitze. Auf den Teig entweder Kompott oder Marmelade streichen und übereinanderschlagen und sofort servieren.

Oder 2 Ohrfeigen backen aus der doppelten Masse, diese dann mit Marmelade füllen und übereinander decken. Den oberen Teig vor dem Servieren mit Zitronensaft und Zucker beträufeln.

Rezept von U. Steinmetz

Frostige Äpfel

1 kg Äpfel
2 Päckchen Vanillezucker
6 Eßlöffel Honig
6 Eßlöffel Calvados
$^1/_2$ l Sahne
$^1/_4$ l Wasser

Für 6 Personen

Die geschälten Äpfel in Spalten schneiden, in wenig Wasser dünsten. Honig und Vanillezucker mit aufkochen lassen. Die Hälfte der Apfelspalten zur Dekoration beiseite stellen. Restliche Äpfel mit Calvados verrühren, Sahne schlagen und unterheben. Ungefähr 5 Stunden lang im Gefrierfach ruhen lassen, vor dem Servieren 20 Minuten antauen und mit den restlichen Apfelspalten garnieren.

Rezept von Monika Koppert

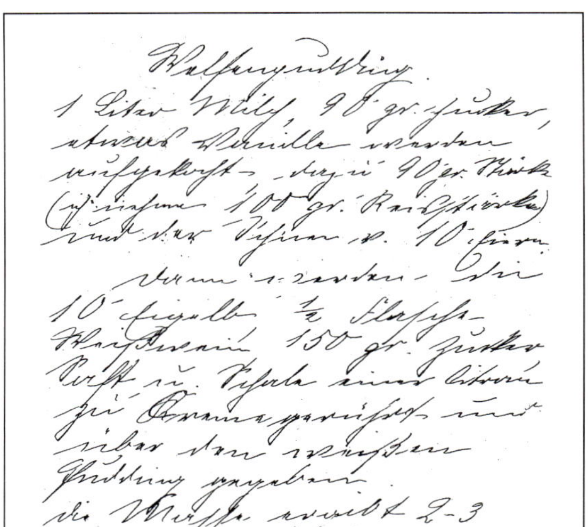

Welfenpudding.
1 Liter Milch, 90 gr. Zucker,
etwas Vanille werden
aufgekocht, dazu 90 gr. Stärke
(zu einem 100 gr. Reisstärke)
und der Schnee v. 10 Eiern
dann gerührt. Die
10 Eigelb ½ Flasche
Weißwein 150 gr. Zucker
Saft u. Schale einer Citrone
zu Creme geschlagen und
über den weißen
Pudding gegeben.
die Masse reicht 2-3
Schüsseln

Welfenpudding – Rezept von 1890

Etwa noch eine Sünde? Dann das

KIWISORBET.

3 Kiwis
3 Eier
100 g Zucker
1/2 Tasse Weißwein
1 Zitrone

Für etwa 4 Personen

Und so wird es gemacht: Eigelb, Zukker, Wein und Zitronensaft solange im Wasserbad schlagen, bis alles dickt. Nicht kochen lassen! Abkühlen lassen.

Kiwis schälen und fein zerdrücken: geht prima im Mixer. Eiweiß zu festem Schnee schlagen.

Schnee und Kiwis unter die Weinschaumcreme heben. Im Gefrierfach frieren lassen, jedoch nicht zu hart. Falls keine rotierende Eismaschine da ist, von Zeit zu Zeit mal umrühren. Es ist schlecht anzugeben, wann die Masse genau richtig gefroren ist. Sie sollte es zum Zeitpunkt des Servierens sein. Falls also alles doch zu hart geworden ist, kurz aus dem Gefrierschrank nehmen.

Jetzt kommts erst!

Große Gläser bereitstellen. Das Sorbet in die Gläser füllen und am Tisch mit Sekt auffüllen (weil es nämlich sehr dekorativ schäumt!) Vielleicht noch mit einer Kiwischeibe garnieren.

Rezept von Margret Rettich

TILL IST DER MANN, DER ALLES KANN

Als Till Eulenspiegel nach Braunschweig kam, fragte ihn ein Mann, dem man an seinem weißen Schurz und dem Mehlstaub im Haar schon von weitem ansehen konnte, daß er ein Bäcker war, was er für ein Handwerk treibe.
Eulenspiegel, der wieder einmal ohne Geld und ohne Brot war, besann sich nicht lange und sagte: »Ich bin ein Bäcker«.
»Du kommst mir wie gerufen«, versetzte der Bäcker. »Willst du bei mir arbeiten?«
»Recht gern«, antwortete Till und wurde eingestellt.
Schon am zweiten Tag sagte der Bäkker: »Heute Nacht, Geselle, mußt du allein backen, ich habe keine Zeit, dir zu helfen.«
»Auch gut«, antwortete Till, »aber sage mir nur, was ich backen soll.«
»Du willst ein Bäckergeselle sein und fragst, was du backen sollst?« verspottete ihn der Meister. »Back meinetwegen Eulen und Meerkatzen!«
Darauf ging Eulenspiegel ohne ein weiteres Wort in die Backstube und machte sich an die Arbeit. Aus dem Teig formte er aber keine Wecken und Brezeln, wie es sich gehört hätte, sondern lauter Eulen und Meerkatzen.
Als der Meister am Morgen in die Backstube trat, um nach Tills Arbeit zu sehen, und statt der Semmeln und Wecken lauter gebackene Tierfratzen fand, schrie er zornig: »Was hast du da gebacken?«

»Eulen und Meerkatzen, wie Ihr mir aufgetragen habt«, sagte Till, ohne auch nur das Gesicht zu verziehen.
»Was soll ich mit dem verrückten Zeug machen?« fuhr der Bäcker fort. »Für meinen Laden kann ich es doch nicht gebrauchen. Kein Mensch wird mir so etwas abkaufen. Du mußt mir den Teig bezahlen.«
»Meinetwegen«, sagte Till, »aber dann gehört mir, was ich gebacken habe.«
»Ja, ja«, sagte der Bäckermeister, »ich frage nichts nach solcher Ware.«
Da packte Till die gebackenen Eulen und Meerkatzen in einen Korb und ging damit seiner Wege. Nun hatten aber die Schulkinder der Stadt an diesem Tage ihr Sankt Niklasfest. Eulenspiegel stellt sich deshalb mit seiner

Ware auf den Marktplatz, und die Knaben und Mädchen kauften mit Freuden diese wunderlichen Sachen. Im Handumdrehen war der Korb leer, und Till hatte viel mehr Geld aus seinem Gebäck gelöst, als er dem Meister für den Teig zahlen mußte. Als der Meister dies hörte, lief er Eulenspiegel nach und wollte von ihm die Kosten für das Holz und das Backen ersetzt haben. Aber der Schalk hatte sich schon mit seinem Gelde aus dem Staub gemacht und war nirgends mehr aufzutreiben.

Fritz Nothardt: Till Eulenspiegels lustige Schelmenstreiche. Stuttgart 1938

KUCHEN

Topfkuchen nach Mutters Rezept

5 Eier, nach Belieben auch mehr
250 g Zucker
$^1/_4$ l Milch
500 g Mehl
1 Päckchen Backpulver
Vanille
Zitronenschale

Geschmolzene Butter mit Eigelb und Zucker schaumig rühren. Nach und nach Mehl, Backpulver, Vanille (entweder Pulver oder Vanillezucker) und abgeriebene Zitronenschale hinzufügen und in eine Guglhupfform (ausgefettet) geben.

Rezept von Lieselotte Ahlbrecht

Honig und Zucker sind als Süßungsmittel in Niedersachsen seit dem Mittelalter nachweisbar. Der Zucker galt freilich langhin als Luxusware, wie aus Räbke noch für das 19. Jahrhundert berichtet wird. Unter den zugesetzten Früchten werden Rosinen in Wittenborgs Handlungsbuch (Lübeck 1357) einmal, in Hamburgs Pfundzollquittungen zweimal (1358, 1459) in Veckinghusens Briefwechsel sechzehnmal (1407 bis etwa 1427) und in dem ältesten niederdeutschen Kochbuch (15. Jahrhundert) in vierzehn Rezepten erwähnt. Für die Kenntnis der Zitrone in Norddeutschland ist bezeichnend, daß im Jahre 1562 der Ratsherr Nikolaus Gentzkow und der Apotheker in Stralsund sich nicht einig darüber waren, ob es sich bei bestimmten »eingemachten«, d. h. konservierten Früchten um Zitronen handelte, wie jener meinte, oder um Granatäpfel, für die sie dieser hielt.

Hans Wiswe in: Beträge zur deutschen Volks- und Altertumskunde, Hamburg 1964

Über Verstand und Humor

Spitz und kalt war indessen der Verstand der Braunschweiger nicht, sondern durch Humor erwärmt und gehoben. Dafür charakteristisch und denkwürdig ist es, daß in Braunschweig der erste Eulenspiegel-Roman entstand. Im Bäckerklint mitten in der Stadt zwischen ansehnlichen Fachwerkbauten steht das Haus, wo der Schelm jene Meerkatzen gebacken haben soll, von denen das Buch seiner Streiche erzählt; ein Figürchen an der Ecke, das ihn darstellt, bezeichnet es.

Ricarda Huch, 1864 in Braunschweig geboren.
Aus »Im alten Reich. Lebensbilder deutscher Städte.« Köln/Berlin 1967

Prillecken

500 g Mehl
100 g Zucker
25 g Hefe
$^1/_4$ l Milch
1 Prise Salz
1 Ei
3 Eßlöffel Öl
Fett zum Ausbacken

Von den Zutaten einen Kloß kneten, 20 Minuten bei 50 Grad im Backofen gehen lassen. Dann kleine Stücke fingerdick ausrollen, und zu einem Ring schließen. Auf ein Blech legen, nochmals etwa 10 Minuten gehen lassen, anschließend im heißen Fett ausbacken.

Rezept von Hannelore Eicke

Eine Spezialität, die die Großeltern von Frau Eicke, Heinrich und Marie Markworth in der von ihnen betriebenen Waldwirtschaft Pawelsches Holz angeboten hatten.

Pawelsches Holz

Karpfen, Punsch und Prilleken

Den das Hochgefühl der Festzeit noch einmal aufnehmenden Silvesterabend liebten wir fast ebenso wie Weihnachten. Die Großen widmeten sich uns in allerlei gemeinsamen Spielen, es gab Karpfen, Punsch und Prilleken, es wurde Blei gegossen, und eine erwartungsvolle, geheimnisvolle Stimmung herrschte, als ob die Mitternachtsglokken den Anbruch eines goldenen Zeitalters zu verkünden hätten.

Ricarda Huch: Braunschweig in meiner Kinderzeit

Mohnkuchen

Knetteig:
175 g Weizenmehl
$^{1}/_{2}$ Teelöffel Backpulver
65 g Zucker
1 Päckchen Vanillezucker
100 g Butter
1 Ei

Streusel:
100 g Weizenmehl
75 g Zucker
1 Vanillezucker
100 g Butter

Mohnfüllung:
$^{5}/_{8}$ l Milch
1 Päckchen Vanillesoßenpulver
4Eßlöffel Gries
150 g Zucker
1 Ei
1 Prise gemahlenen Zimt
1 Schnapsglas Rum
80 g Butter
50 g gehackte Mandeln
250 g gemahlenen Mohn

Aus den Zutaten einen Knetteig herstellen, diesen in eine Springform x 26 cm einfüllen, den Rand ca. 4 cm hochziehen und 15 Minuten bei ca. 200 Grad vorbacken und abkühlen lassen.

Die Milch aufkochen lassen, dann das mit etwas Milch verrührte Soßenpulver einrühren sowie den Gries unterrühren.

Zucker und Mohn dazugeben und zum Schluß das Ei – verquirlt –, Butter, Zimt, Rum und Mandeln unterrühren. Alles dann kurz aufkochen lassen.

Mohnfüllung abkühlen lassen und auf den vorgebackenen Teig streichen.

Streusel darübergeben und ca. 60–70 Minuten bei 180 Grad backen!!

Rezept von Inge Heinrich

Topfmarkt hinter der Aegidienkirche (um 1906)
(Foto: Käthe Buchler)

Einbecker Zuckerkuchen

Teig:
500 g Mehl
1 Würfel Hefe
125 g Zucker
200 ccm Milch
125 g Margarine
½ Teelöffel Salz

Belag:
125 g Butter
125 g Zucker
100 g gehackte Mandeln
1 Becher Schlagsahne

Mehl in Rührschüssel geben. Hefe mit lauwarmer Milch verrühren. Mit Zucker, weichem Fett und Salz zum Mehl geben. Zudecken und gehen lassen. Dann kräftig durchkneten und auf einem Blech ausrollen und nochmals 20 Minuten gehen lassen. Butterflöckchen, Zucker und Mandeln darüberstreuen und bei 225 Grad 25 Minuten backen. Sofort über den heißen Kuchen die flüssige Sahne geben.

Rezept von Ruth Lerm

Kaffee-Halle mit Familie Steinmann

Prasselkuchen

375 g Mehl
2 gestrichene Teelöffel Backpulver
150 g Zucker
Rumaroma
etwas Salz
1 Ei
200 g Butter
200 g Aprikosenkonfitüre

Streusel:
350 g Mehl
175 g Zucker
1 Päckchen Vanillezucker
1 Messerspitze Zimt
1–2 Teelöffel Wasser

Für den Teig Mehl und Backpulver mischen und auf ein Backbrett geben. In die Mitte eine Vertiefung eindrücken, Zukker und Gewürze und Ei hineingeben und zu einem dicken Brei verarbeiten. Darauf das in Stücke geschnittene Fett geben, es mit Mehl bedecken und alle Zutaten zu einem glatten Teig verkneten. Sollte er kleben, eine zeitlang kaltstellen. Auf einem gefetteten Blech ausrollen und mit Konfitüre bestreichen.

Streusel: Das Mehl in eine Schüssel geben, mit Zucker, Vanillezucker und Zimt vermischen. Das Fett in Flöckchen dazugeben und alles mit 2 Gabeln vermengen. Sollte die Masse wenig krümeln, noch 1 bis 2 Eßlöffel Wasser dazugeben und auf den mit Konfitüre bestrichenen Teig streuen.

Backzeit ca. 25 Minuten bei 200 Grad.

Rezept aus Helenes handgeschriebenem Kochbuch von 1949

Krümeltorte mit Sauerkirschen

Teig:
200 g Butter (Margarine)
200 g Zucker
1 Päckchen Vanillezucker
1 Ei
500 g Weizenmehl
1 Päckchen Backpulver (Dr. Oetker »Backin«)
1 Prise Salz

Füllung:
750 g gekochte Sauerkirschen (oder Äpfel, Pflaumen)
3 Eier
75 g Zucker
500 g Magerquark
Schale einer unbehandelten Zitrone
2 Eßlöffel Grieß

Mehl, Backpulver, Salz in eine Rührschüssel geben. Das kalte Fett in Flöckchen darüber verteilen und den Zukker überstreuen. Das Ei verquirlen und zugießen. Alles verkneten, bis der Teig krümelig ist.

Sauerkirschen auf einem Sieb abtropfen lassen.

Eier, Zucker, Vanillezucker sehr schaumig schlagen, Quark und abgeriebene Zitronenschale zufügen. Miteinander verrühren und dabei vorsichtig den Grieß unterrühren.

Eine Springform (24 cm) leicht einfetten, mit Semmelbröseln bestreuen und $^2/_3$ des Krümelteigs auf dem Boden und am Rand verteilen.

Mit den Händen leicht andrücken. Die Kirschen auf den Teigboden geben und die Quarkmasse darüber verteilen.

Die restlichen Krümel auf die Quarkfüllung ausbreiten und die Torte auf dem Rost in die untere Schiene schieben und im vorgeheizten Backofen backen (45 Minuten, E-Herd 200 Grad, Gas Stufe 3).

Rezept von Christina Zöllner – aus Großmutters Backbuch

Marmorkuchen

100 g Schweineschmalz
200 g Margarine oder Butter
6 Eier
300 g Zucker
500 g Mehl
Semmelbrösel
1 Becher Schlagsahne
1 Päckchen Backpulver
1 Päckchen Vanillezucker
Saft einer Zitrone
3 Eßlöffel Milch
3 Eßlöffel Kakaopulver
3 Eßlöffel Rum
1 kleines Glas Eierlikör

Fett, Eier, Zucker und Vanillezucker mit dem Handmixgerät schaumig schlagen. 250 g Mehl, $^1/_2$ Becher Sahne und 3 Eßlöffel Milch hinzufügen und glatt verrühren.

Das restliche Mehl mit dem Backpulver mischen und unterziehen. Alles zu einem glatten, schwer reißenden Teig verarbeiten. Danach den Saft einer ganzen Zitrone hinzufügen. Den Teig in $^1/_3$ und $^2/_3$ teilen. Zu der kleineren Menge Kakaopulver, Zucker und Rum hinzufügen und alles gut verrühren.

Die größere Menge mit dem Eierlikör vermischen.

In eine gut gefettete, mit Semmelbröseln ausgestreute, warme Gugelhupfform geben. Erst den hellen Teig, dann den mit Kakao gemischten Teig, dann nochmals hellen Teil einfüllen.

Zum Abschluß in die Mitte des Teiges einen feinen Kranz Zucker streuen.

Backzeit: 55–58 Minuten bei 175 bis 180 Grad. Hölzchenprobe!

Rezept von Ilse Vollrath

Annes Quarkkuchen mit Mandelsplitter

Teig:
150 g Mehl
1 gestrichenen Teelöffel Backpulver
80 g Zucker
1 Eigelb
80 g Margarine
50 g Mandelsplitter

Belag:
2 Eier
150 g Zucker
2 Päckchen Vanillezucker
2 Päckchen Vanille-Soßenpulver
100 g Rosinen
1 Fläschchen Zitronenaroma
1 kg Magerquark

Aus Mehl, Backpulver, Zucker, Eigelb Margarine und Mandelsplitter einen Teig kneten und eine ausgefettete Springform (26 cm), damit belegen.

Den Quark mit dem Eigelb, Vanillezucker, Soßenpulver, Rosinen, Zitronenaroma und Zucker verrühren, Eiweiß zu Schnee schlagen und zuletzt unterheben.

Auf den Teigboden füllen, bei 160 bis 180 Grad 50–60 Minuten backen. Darf oben nicht zu braun werden!

Rezept von Anne Schweitzer

Mandelkuchen

Sahnebecher als Maß verwenden.

Die Zutaten für den Teig mit dem Rührmixgerät auf höchster Stufe ca. 5 Minuten verrühren. Auf einem gut gebutterten Backblech gleichmäßig verstreichen. Bei ca. 165–175 Grad 20 Minuten goldbraun backen.

Die Zutaten für den Guß in einem Topf bei mäßiger Hitze kurz aufkochen lassen und eßlöffelweise gleichmäßig auf dem aus dem Ofen genommenen Boden verstreichen. Nochmals 10–15 Minuten bei gleicher Hitze backen.

Rezept von Margit Ungermann

Teig:
1 Becher Sahne
2 Becher Mehl
1 Becher Zucker
1 Päckchen Backpulver
4 große Eier

Guß:
200 g Butter
4 Eßlöffel Dosenmilch
1 Becher Zucker
100 g gehobelte Mandeln

1747 gründet Herzog Carl I. in Fürstenberg, hoch über dem Wesertal gelegen, die berühmte Manufaktur. Seitdem wird dort das »Weiße Gold« in unverwechselbaren Formen gebrannt und mit edlem Dekor verziert.

Sauerkirschkuchen auf dem Blech

Teig:
200 g Butter
150 g Zucker
2 Päckchen Vanillezucker
3 Eier
400 g Mehl
1 Päckchen Backpulver
100 g gemahlene Haselnüsse
1 Glas Sauerkirschen

Butter, Zucker und Vanillezucker mit dem Eigelb schaumig rühren. Backpulver unter das Mehl geben, beides langsam in die Creme rühren. Eiweiß zu Schnee schlagen. Haselnüsse und Eischnee vorsichtig unter den Teig heben. Auf ein gefettetes Backblech streichen, mit gut abgetropften Sauerkirschen belegen und goldbraun backen.

Bei 180 Grad ca. 40–45 Minuten, mittlere Schiene.

Rezept von Astrid Bühl

Ottilien-Kuchen

250 g Butter oder Margarine
200 g Zucker
1 Päckchen Vanillezucker
4 Eier
1 Prise Salz
$^1/_2$ Flasche Aroma oder 1 kleines Glas Rum
250 g Mehl
3 g Backpulver (= 1 gestrichener Teelöffel)
100 g Mandeln gemahlen
50 g Zitronat (klein geschnitten)
75 g Schokolade (klein geschnitten)

Butter, Zucker, Eier und Vanillezucker schaumig rühren. Danach die anderen Zutaten und das Mehl dazugeben.

65–85 Minuten bei 165–175 Grad backen.

Rezept von Hedwig Wilhelm

Preiselbeerkuchen

Teig:
80 g Butter
80 g Zucker
1 Päckchen Vanillezucker
200 g gemahlene Mandeln
1 Päckchen Backpulver
1 Eßlöffel Weinbrand
1 Eßlöffel Rum
5 Eiweiß geschlagen
5 Eigelb
100 g Schokoladenraspel

Belag:
1 Glas Preiselbeeren
1 Becher Sahne
Schokolade, geraspelt zum Verzieren

Aus Butter, Zucker, Vanillezucker, Mandeln, Backpulver, Schokoladenraspel, Weinbrand, Rum, Eigelb einen Teig herstellen und den geschlagenen Eischnee zuletzt unterheben. In eine Springform geben. Bei 175 Grad 35 Minuten im Backofen backen. Abkühlen lassen. Dann mit den Preiselbeeren belegen, geschlagene Sahne darauffüllen und zum Schluß mit den Schokoladeraspeln verzieren. Ist köstlich, kann aber nicht lange vorher vorbereitet werden.

Rezept von Gabi Bender

Feiner Apfelkuchen

Teig:
100 g Margarine
1 Ei
2 Eßlöffel Zucker
250 g Mehl
$^1/_2$ Päckchen Backpulver

Guß:
150 g Margarine
125 g Zucker
100 g Mehl
1 Ei
1 Becher Sahne

5–6 Äpfel
100 g Mandeln gestiftelt

Ei mit Zucker und Margarine zu einer hellen Creme verrühren. Backpulver und Mehl mischen und unterrühren.

Äpfel in Schnitze schneiden, den Teig in eine ausgefettete Springform füllen und mit Äpfeln und Mandeln belegen. Aus flüssiger Margarine, Zucker, Mehl, Ei und der geschlagenen Sahne einen Guß herstellen und über den belegten Boden und die Äpfelschnitze geben. 1 Stunde bei 180 Grad backen.

Rezept von Lydia Schweitzer

Schmandkuchen

Aus Mehl, Margarine, Hefe, Salz, Zucker und lauwarmer Milch einen Hefeteig zubereiten und lange gehen lassen (mindestens $^1/_2$ Stunde). Dann auf ein gefettetes Backblech geben und nochmals gehen lassen. Inzwischen aus Grieß, Zucker und Milch einen Grießbrei kochen und abkühlen lassen (öfters umrühren). Aus Milch, Zucker und Vanille-Puddingpulver einen Pudding kochen und mit dem Grießbrei vermischen und auf den Hefeteig verteilen. Eigelb von drei Eiern mit Schmand verrühren und Eischnee unterheben, auf den Grießbrei verteilen. Zuletzt 2 Eier mit 2 Päckchen Vanillezucker verrühren und als Abschluß auf den Belag verstreichen.

Bei 200 Grad 45–50 Minuten backen.

Rezept von Sabine Hoffmann

Ideal für Kindergeburtstage, überraschenden Verwandtenbesuch, Kaffeeklatsch mit Freunden, Dienstbesprechungen im Wohnzimmer…

Teig:
500 g Mehl
100 g Margarine
1 Päckchen Trockenhefe
1 Prise Salz
75 g Zucker
$^1/_4$ l lauwarme Milch

Belag:
100 g Grieß
30 g Zucker
$^3/_4$ l Milch

*

$^1/_2$ l Milch
30 g Zucker
1 Päckchen
Vanille-Puddingpulver

*

3 Eier
3 Becher Schmand

*

2 Eier
2 Päckchen Vanillezucker

Café Okerterrassen
(Foto: Ute Karen Walter)

Zitronentorte

1 Biskuit-Tortenboden (dreifach)
$^3/_4$ l Sahne
2 Eßlöffel Campari
Saft von 2 Zitronen
4 Eßlöffel Zucker

Sahne schlagen, mit Zucker süßen. 4 Eßlöffel davon abnehmen und mit Campari verrühren. Jeden Boden mit Zitronensaft beträufeln. Camparisahne dünn auf die Böden streichen. Torte zusammensetzen und mit restlicher Sahne bestreichen. Mit Zitronenschale garnieren.

Rezept von Bernd Wilhelm

Ein schnelles – aber äußerst delikates Rezept, das als Nachtisch oder auch nachmittags gegessen werden kann. Am liebsten essen wir diese Torte an einem lauen Sommerabend mit Freunden auf der Terrasse. Eine Erinnerung an den Urlaub am Gardasee und jetzt seit 15 Jahren unverändert im Braunschweiger Repertoire.

Nuss-Schokoladen-Kuchen

200 g Butter
200 g Zucker
6 Eigelb
200 g geriebene Haselnüsse
200 g geriebene Schokolade (bitter)
125 g Mehl
$2^1/_2$ Teelöffel Backpulver
1 Prise Salz
1 Teelöffel Zimt
6 Eiweiß
Schokoladenglasur

Butter, Zucker, Eigelb schaumig rühren. Gewürze, Nüsse, Backpulver, Mehl dazugeben. Eiweiß zu Schnee schlagen, mit der geriebenen Schokolade vorsichtig zum Teig geben. Bei 180 Grad $^3/_4$ Stunde backen. Nach dem Abkühlen mit einer Schokoladenglasur verzieren.

Rezept von Amalie Link

Karamelbiskuit-Torte

Teig:
250 g Mehl
5 Eier
250 g Zucker
$^1/_2$ Päckchen Backpulver

Creme:
150 g Zucker
$^1/_2$ l lauwarme Milch
1 Päckchen Vanillepudding
Margarine oder Butter
zum Verfeinern
Puderzucker zum Bestäuben

Eine festliche, feine, und nicht ganz einfach herzustellende Torte – für Kenner und Könner

Eier und Zucker ganz schaumig rühren. Danach Mehl, vermischt mit Backpulver, unterheben. 25 Minuten bei 180 Grad in einer hübschen Springform (Bogenform mit Loch in der Mitte) im vorgeheizten Backofen backen.

Für die Creme Zucker im Topf bräunen bis er schäumt, vom Feuer nehmen und vorsichtig mit lauwarmer Milch ablöschen. Angerührtes Puddingpulver hinzufügen bis die Creme andickt. Abkühlen lassen. Erst am nächsten Tag Biskuitboden zweimal durchschneiden.

Die Creme mit weicher Magarine oder Butter noch verfeinern, je nach Geschmack. Dann vorsichtig die Böden bestreichen und zusammenfügen. Mit Puderzucker bestäuben und servieren.

Rezept von Großmutter Mende

Vollkorn-Möhrenkuchen

Honig mit Margarine schaumig rühren, nach und nach das Eigelb dazugeben. Mehl mit Backpulver vermischen, Haselnüsse, Mandeln und Mehl zu der Ei/Honig/Margarine-Creme geben. Möhren fein raspeln und mit dem Eischnee unter den Teig heben.

Backblech mit Backpapier auslegen und die Masse aufstreichen. Bei 180 Grad 50 Minuten backen. Pur sieht dieser Kuchen braun aus, man kann ihn je nach Geschmack mit Schokoladenglasur, mit Puderzucker oder Marzipanmöhren verzieren.

200 g Vollkornmehl
500 g feingeraspelte Möhren
125 g Margarine
150 g Honig
6 Eigelb
200 g Haselnüsse gemahlen
100 g Mandeln gemahlen
1 Päckchen Backpulver
6 Eiweiß
1 Prise Salz

Rezept von Martina Rossow

Pflaumen-Mohn-Kuchen
Lisa's Verlobungskuchen

Aus Mehl, Hefe, Milch, Margarine und der Prise Salz einen Hefeteig zubereiten. Zweimal gehen lassen. Schmand mit Honig aufkochen, dann den Mohn hinzufügen und abschalten. 15 Minuten quellen lassen, dann Zimt, Eier, Haselnüsse und Mehl unterrühren. Den Teig in eine Springform (26 cm) und mit der Mohnmasse füllen, darauf die entsteinten Pflaumen aufgeklappt legen. Bei 200 Grad 45–50 Minuten backen, gegebenenfalls etwas mehr. Mit Zimt und Zucker bestreuen.

Teig:
350 g Mehl
1 Päckchen Trockenhefe
$^1/_8$–$^1/_4$ l lauwarme Milch
1 Prise Salz
50 g Margarine

Belag:
1 kg Pflaumen
200 g Schmand
100 g Honig
250 g gemahlener Mohn
Saft von 1 Zitrone
$^1/_2$ Teelöffel Zimt
3 Eier
50 g Haselnüsse
2 Eßlöffel Mehl
Zucker und Zimt
zum Bestreuen

Rezept von Else Brücke

2 SÜSSE VERFÜHRER

Rezept von Margret Rettich

Es ist nach wie vor bei uns auf dem Land ein schöner Brauch geblieben, daß zum Geburtstag gegenseitig Kuchen gebacken und geschenkt werden. Natürlich hat jede Kuchenbäckerin ihr ganz spezielles Rezept, nach dem nur ihr ein ganz spezieller Kuchen gelingt. Trotzdem wird immer wieder etwas Neues ausprobiert – meist aus irgendeiner Illustrierten, die mit bunten Bildern locken. Wir persönlich fürchten diese Neuheiten und sind glücklich, wenn wir den Kuchen bekommen, den wir Jahr um Jahr bekommen haben und dessen Qualität wir darum ungemein schätzen.
Ein einfacher, aber leckerer und zudem noch lange frischer Kuchen ist

ELSES BIENENSTICH

und wenn wir von ihr gefragt werden, ob wir dieses Jahr nicht lieber mal die Donauwellen, die Schneewittchentorte oder sonstwas haben möchten, dann rufen wir laut: »Nein, bitte nichts anderes als den berühmten Bienenstich!« Und der geht so:
1. ein Teig wird gerührt aus 1/4 Liter Sahne, 1 Sahnebecher voll Zucker, 2 Sahnebecher voll Mehl, 3 Eiern, 1 Päckchen Backpulver und 1 Päckchen Vanillezucker.
2. Dieser Teig wird auf ein Backblech gestrichen, auf das man vorher Backpapier gelegt hat (falls es zur Hand ist.)
Nun wird der Teig bei 200 Grad hell vorgebacken.
3. Der Belag wird gerührt aus 1/4 Pfund Butter, 1 Sahnebecher Zucker, 1 Päckchen Vanillezucker, 3 Eßlöffel Milch und 200 Gramm gehobelten Mandeln. (Einmal hatte Else im Dorfladen nur gestiftelte Mandeln bekommen, – und das war eigentlich noch besser!)
4. Dieser Belag wird gleichmäßig auf den vorgebackenen Teig gestrichen. Der Kuchen wird bei 180 Grad fertig gebacken, bis er schön braun ist. Und dann aufgeschnitten.
Und dann den Gästen angeboten.
Und dabei besorgt geahnt, daß sicher mal wieder nichts übrig bleiben wird. Obwohl dieser Bienenstich nach acht Tagen noch genauso saftig und lecker ist wie am Anfang.

Zu dieser Torte gibt es irgendein italienisches Rezept, das ich aber nicht mehr fand, nachdem ich alles für das Tortenbacken vorbereitet hatte. Ich backte einfach nach der Erinnerung, und weil das Ergebnis nicht schlecht war, hab ich alles aufgeschrieben und hinterher noch oft nachgebacken. Nennen wir also diese Torte einfach

MEMORYTORTE

1. Man stellt einen Mürbteig her nach einem Rezept, das in jedem Koch- oder Backbuch steht. Damit legt man eine Springform aus mit einem sehr hohen Rand, den man zierlich an der oberen Kante mit einem Zackenmuster versieht (das geht ganz schnell mit einem Löffelstiel).
2. Nun wird dieser Boden mit einer hellen Marmelade bestrichen: Aprikose oder Mirabelle oder Quitte oder natürlich auch Orange. Falls es keine Marmelade, sondern Konfitüre ist, die viele Fruchtstücke hat, vorher im Mixer zerkleinern.
3. Jetzt kommt der unvergleichlich gute Belag, nämlich: 300 Gramm ganz fein geriebene Mandeln, 4 Eigelb, 50 Gramm Honig, 100 Gramm Zukker, 1 Eßlöffel Mondamin werden gemixt und mit einem guten Anisschnaps solange befeuchtet, bis die Masse geschmeidig ist. Wer noch intensiveren Anisgeschmack mag, fügt gemahlenen Anis zusätzlich dazu. Der geschlagene Eischnee der 4 Eier wird vorsichtig untergehoben. Alles wird über die Marmelade auf den Mürbteigboden gestrichen.
4. Jetzt wird alles noch zusätzlich ganz dick mit geschälten *ganzen* Mandeln belegt (dabei gehen mindestens 150 Gramm drauf! Bitte nicht sparen!). Über die Mandeln wird Puderzucker gestäubt, was sie nach dem Backen leicht glasiert.
5. Diese Torte wird nun bei etwa 180 Grad gut eine Stunde gebacken. Bei einem konventionellen Herd bitte ein wenig mehr Unter- als Oberhitze. Beim Heißluftherd vielleicht in der ersten Hälfte mit Folie abdecken, sonst bleibt der Mürbteig unten zu hell.

Die MEMORYTORTE ist eine Sünde und etwas für Leute, die einen guten Magen haben und keine Kalorien zählen. Meist wird beim zweiten Stück jeder gute Vorsatz ohnehin vergessen.

1243. Eine andere Süßter. 500 g Butter, 625 g Mehl, 16 ganze Eier, 130 g Zucker, 30 g fein gestoßene bittere Mandeln, abgeriebene Zitronenschale, ein wenig Muskatblüte und 70 g Hefe. — Die Zusammensetzung der Masse muß an einem recht warmen Orte geschehen. — Die Butter wird zu Sahne gerieben und mit den Mandeln, der Zitronenschale und Muskatblüte vermischt, die Eier werden eins nach dem andern, das Mehl und der Zucker löffelweise nach und nach daruntergerührt; dann mischt man die aufgeweichte dicke Hefe und eine Prise Salz unter die Masse, füllt sie in eine gut mit Butter ausgestrichene Form, läßt sie aufgehen und bäckt sie etwa eine Stunde in einem mäßig heißen Ofen.

1244. Braunschweiger Kuchen. 1¼ kg Mehl, 500 g Butter, 4 ganze Eier, 8 Eidotter, ein wenig Salz, 200 g Zucker, abgeriebene Zitronenschale, Muskatblüte, 30 g fein gestoßene bittere Mandeln, 100 g Hefe, 250 g große Rosinen, 250 g Korinthen und ungefähr ½ Liter Milch. Der vierte Teil des Mehles wird mit der Hefe und etwas warmer Milch zu einem weichen Hefenstück angesetzt. Die Butter reibt man zu Sahne, rührt den Zucker, die Zitronenschale und Muskatblüte, die Mandeln und die Eier darunter, schüttet das Mehl dazu und rührt alles mit warmer Milch zu einem nicht zu festen Teige an, welchen man, nachdem das Hefenstück darunter gemischt ist, mit einem Holzlöffel fein blasig schlägt und mit den Rosinen vermischt. Dann rollt man den Teig halbfingerdick auf mit Mehl bestäubte Bleche aus, läßt ihn aufgehen, drückt ihn auf verschiedenen Stellen mit dem Finger leicht ein, legt in jede dadurch entstandene Vertiefung ein nußgroßes Stückchen ungesalzene oder ausgewaschene Butter, bestreut den Kuchen dick mit Zucker und bäckt ihn im ziemlich heißen Ofen zu schöner Farbe und gar. Man kann auch den Kuchen backen, ohne ihn mit Zucker bestreut zu haben; er wird dann gleich, sobald er aus dem Ofen kommt, mit einem nicht zu flüssigen Glanz von feinem Zucker und Rosenwasser mittels eines Pinsels überstrichen.

Aus einem alten Kochbuch (um 1900)

EIN SCHÖNES MÄRCHEN UM EINEN EINFACHEN TOPFKUCHEN

Margret Rettich

Als der große Krieg zu Ende war, wohnten die Menschen in den zerstörten Städten unter Trümmern in Kellern und Erdlöchern. Sie sorgten sich nur noch darum, daß sie jeden Tag etwas zu essen hatten und daß das Feuer nicht ausging, an dem sie sich wärmten.
Manchmal dachten sie an die Zeiten, als sie satt wurden und in schönen behaglichen Wohnungen lebten. Als die Weihnachtszeit nahte, erinnerten sie sich besonders oft daran. Damals war es ihnen gutgegangen. Sie hatten gegessen, getrunken, gefeiert und einander Geschenke gemacht. Alle sehnten sich danach, daß es nur ein wenig wieder so wurde wie damals.
Da setzte sich eine Frau in den Kopf, einen richtigen Weihnachtskuchen zu backen. Denn, dachte sie, schaffe ich das, können diese schrecklichen Zeiten nicht ganz und gar aussichtslos sein, und ich werde es als Zeichen nehmen, daß es uns allen irgendwann wieder besser gehen wird. Sie machte sich auf und kletterte über die Trümmerberge. Wenn sie Rauch aufsteigen sah, suchte sie den Eingang zu der Behausung, steckte den Kopf hinein und fragte: »Kann mir hier jemand ein paar Eier, etwas Fett, Mehl und Zucker geben? Ich möchte einen Weihnachtskuchen backen und will gern ein Stück davon abgeben.«
Die meisten Leute lachten die Frau einfach aus.
Doch einmal bekam sie zur Antwort: »Na ja, Eier könnten wir beschaffen. Wir haben noch ein Huhn, aber kein Futter mehr. Das Tier ist so schwach, daß wir es eigentlich zu Weihnachten schlachten wollen. Wenn es vorher noch ein paar Körner bekäme, würde es wohl auch noch ein paar Eier legen. Wir würden Eier gegen Körner geben.«
Die Frau lief weiter. Von nun an fragte sie: »Wer kann mir ein paar Körner geben für ein Huhn, das mir dafür Eier legt, die ich zusammen mit Fett und Mehl und Zucker zu einem Weihnachtskuchen verrühren will. Ich will gern ein Stück davon abgeben.«
Wieder lachten sie die meisten Leute aus.
Nur zwei alte Frauen sagten: »Ein paar Körner könnten wir dir geben,

wir haben den ganzen Sommer auf den Feldern gesucht, was aus den Ähren gefallen war. Noch heute tut uns der Buckel davon weh. Aber weil wir seit Wochen nur Brei aus zerstoßenen Körnern essen, möchten wir dafür ein Stück Fleisch, das wir uns braten können.«
Jetzt lachten die Leute noch viel mehr, denn die Frau fragte: »Wer kann mir Fleisch für einen Braten geben, für den ich Körner bekomme, die ein Huhn haben soll, das mir dafür Eier legt, die ich mit Fett und Mehl und Zucker für einen Weihnachtskuchen brauche, von dem ich gern ein Stück abgeben will?«
Die Frau wußte selber, daß sie nach ganz unerreichbaren Dingen fragte, aber sie wollte einfach nicht aufgeben.
Sie stieg immer weiter über Berge von Schutt und kam schließlich an die Stelle, wo früher ein Park gewesen war. Von den Bäumen waren nur verbrannte Stümpfe übrig, die scharrten die Leute samt den Wurzeln aus dem Boden, um Brennholz zu haben.
Die Frau fragte auch hier und wurde auch hier ausgelacht.
Nur ein Junge sagte: »Ich weiß einen Mann, der Vögel fängt, die man braten kann. Wenn ich ein Stück von deinem Kuchen bekomme, zeige ich dir, wo der Mann wohnt. Ich habe nämlich noch nie Kuchen gegessen.«
Er führte die Frau an den Rand eines großen Trichters, den eine Bombe gerissen hatte. Darin stand eine Hütte aus einem verrosteten Autowrack. Vor der Hütte saß ein Mann. Er briet an einem Stecken einen winzigen Vogelkörper über einem Feuerchen.
Die Frau sagte zu ihm: »Ich brauche einen Vogel für zwei alte Frauen, die mir dafür Körner geben.«
Der Mann sah nicht auf. Er brummte: »Das ist der letzte Vogel, den ich fangen konnte. Von nun an weiß ich auch nicht mehr, was ich essen soll. Andere Vögel kann ich nicht fangen, denn meine Schleuder ist kaputt. Das Gummiband ist gerissen, als ich es spannte, es war ausgeleiert. Ja, wenn ich einen neuen Gummiriemen für meine Schleuder bekäme, könnten wir über einen Vogel einig werden.«
Jetzt wußte die Frau nicht weiter. Woher sollte sie, die selber nichts besaß, Gummi für eine Schleuder nehmen? In ihrem Keller hatte sie nur einen Topf zum Kochen, einen Löffel zum Essen und ein altes Feldbett zum Schlafen. Da fiel ihr ein, daß dieses Feldbett Riemen hatte, und diese Riemen waren aus Gummi.
So schnell sie konnte, rannte sie heim und schnitt einen Riemen aus dem Feldbett heraus. Es war ohnehin hart und schief und konnte ihretwegen ruhig noch härter und schiefer werden.
Der Mann war sehr zufrieden. Er probierte die Schleuder mit dem neuen Gummiriemen gleich aus und erlegte eine magere Krähe, die er rupfte und der Frau gab.
»Sie ist im Geschmack von einer Taube kaum zu unterscheiden«, meinte er.
Die Frau lief mit dem Vogel zu den beiden Alten und sagte: »Hier bringe ich euch ein Täubchen, das ihr euch braten könnt.«
Die Alten freuten sich darüber so sehr, daß sie der Frau eine ganze Papiertüte voll Körner schenkten. Die Tüte stammte aus besseren Zeiten und hatte ein Loch. Die Frau hielt sie mit beiden Händen, um kein einziges Korn zu verlieren. Daheim in ihrem Keller

merkte sie erst, wie viele Körner es waren. Sie dachte: viel zu viele für das Huhn, und sie zermahlte die meisten zwischen zwei Steinen. Als sie Schalen und Spelten herausgesammelt hatte, summte sie aufgeregt vor sich hin: »Ich habe Mehl, ich schaffe es! Ich habe Mehl, ich schaffe es!«
Mit dem Rest der Körner lief sie zu den Leuten, die das Huhn besaßen. Die sagten: »Nur so wenig? Davon wird es kaum zu Kräften kommen. Es ist so schwach geworden, daß wir schon das Schlimmste befürchtet haben. Erst in ein paar Tagen wird sich herausstellen, ob es noch mal Eier legen kann.«
Die Frau ließ sich nicht entmutigen, sie hatte ja noch viel vor sich. Zum Weihnachtskuchen fehlten immer noch Fett und Zucker. Wieder kletterte sie über Trümmerberge, wieder fragte sie herum, und wieder lachten alle Leute sie aus.
Diesmal geriet sie bis an den Rand der Stadt, wo die Steinhaufen flacher wurden. Dahinter war früher der Wald gewesen. Jetzt wuchsen nur ein paar Bäume vereinzelt zwischen den Bombenlöchern. Dazwischen standen Wachen und paßten auf, daß niemand die Bäume fällte und als Brennholz wegschleppte. Die Frau wagte nicht, die Wachen anzusprechen und zu fragen.
Doch einen kleinen krummen Mann sprach sie an. Er kroch unter den Bäumen herum und klaubte irgend etwas auf.
Die Frau sagte: »Ich will einen Weihnachtskuchen backen. Mehl habe ich und Eier vielleicht auch. Nun fehlen mir nur noch Fett und Zucker. Dafür will ich gern ein Stück Kuchen abgeben.«
Der kleine krumme Mann sagte: »Hilf mir, Bucheckern zu sammeln. Dann kriegst du was von dem Öl ab, das ich daraus presse.«
Die Frau zog ihre Jacke aus, knöpfte sie zu und verknotete die Ärmel. So hatte sie eine Art Sack, in dem sie die Früchte sammeln konnte. Es war mühsam. Vorher hatten schon viele andere Leute noch Bucheckern gesucht. Nun waren kaum noch welche zu finden. Der kleine krumme Mann zeigte ihr, wie sie Laub und Erde zurückscharren mußte, um danach zu suchen. Es dauerte tagelang, bis die Jacke gefüllt war.
In seiner Behausung hatte der kleine krumme Mann aus einem Panzerrohr und anderen Teilen, die er unter Trümmern gefunden hatte, eine Art Presse gebaut. Die Bucheckern aus der Jacke ergaben genau eine henkellose Tasse voll Öl. Die Frau war glücklich und trug das Öl behutsam in ihren Keller.
Dann machte sie sich wieder auf, um sich nach den Eiern zu erkundigen, die ihr das Huhn legen sollte, dem sie Körner gebracht hatte.
»Es ist fast an der Anstrengung eingegangen«, sagten die Leute und gaben der Frau ein winziges Ei mit einer dünnen grauen Schale.
Allmählich drängte die Zeit. In fünf Tagen war Weihnachten, und noch immer fehlte der Zucker. Wenn die Frau danach fragte, lachten die Leute nicht mehr, sondern wurden böse.
»Zucker!« riefen sie. »Wir erinnern uns nicht einmal mehr, wie Zucker schmeckt! Woher soll unsereins Zukker haben? Zucker hat nur einer!«
»Wer?« fragte die Frau.
Die Leute sagten: »Der Mann, der ALLES hat. Du mußt ihn suchen.«

Die Frau irrte umher. Sie war hungrig. Sie war schwach und müde. Sie hatte wunde Füße. Wenn sie nachts auf dem harten, schiefen Feldbett lag und nicht schlafen konnte, mußte sie alle Kraft zusammennehmen, um nicht das wenige aufzuessen, das sie schon für ihren Weihnachtskuchen zusammengetragen hatte.

Einen Tag vor Weihnachten stieß sie irgendwo in der Stadt auf ein Haus, das fast heil geblieben war. Das Dach hatte Ziegel, und einige Fenster hatten noch Glas. Die anderen waren sauber mit Brettern vernagelt. Aus dem Schornstein stieg dicker Rauch. Die Frau wußte sofort, daß hier jemand wohnte, der ALLES hatte. Sie klopfte an die Tür.

Der Mann, der aufmachte, hatte einen richtigen Anzug an. Er rauchte eine richtige Zigarre und trug richtige heile Schuhe. Neben ihm stand ein richtiger Hund, der ebenso dick war wie der Mann. Aus dem Haus strömte so viel Hitze, daß der Frau draußen warm davon wurde.

»Was ist?« fragte der Mann, und der Hund knurrte.

»Ich brauche Zucker«, sagte die Frau.

Der Mann, der ALLES hatte, lachte nicht wie die anderen Leute, und er wurde auch nicht böse. Er fragte nur: »Was kriege ich dafür?«

»Ein Stück von dem Weihnachtskuchen, den ich backen will«, sagte die Frau. »Sonst habe ich ja nichts.«

»Doch, den Ring da«, sagte der Mann.

Die Frau erschrak. Der Ring an ihrer Hand war von ihrem Mann, der vielleicht nie wiederkam. Dann dachte sie an die Leute, die ihr bereits geholfen hatten und die dafür ein Stück Kuchen bekommen sollten. Sie zog den Ring ab und bekam dafür eine Handvoll Zucker.

Nun hatte die Frau alles beisammen, was sie brauchte.

Sie knetete aus dem Körnermehl, dem Bucheckernöl, dem Ei und dem Zukker einen Teig. Mit ihrem letzten Holz machte sie Feuer und backte einen kleinen harten Kuchen. Den teilte sie in viele Stücke.

Am Heiligen Abend machte sie sich auf den Weg.

Sie brachte den beiden alten Frauen ein Stück Kuchen, und die schenkten ihr noch mal eine Tüte voll Körner.

Sie brachte dem Jungen im Park ein Stück, und der schenkte ihr Holz.

Sie brachte dem Vogelfänger ein Stück, und der schenkte ihr einen lahmen Spatzen, den er mit seiner Schleuder verfehlt hatte.

Sie brachte den Leuten mit dem Huhn ein Stück, und die schenkten ihr noch ein Ei.

Sie brachte dem kleinen krummen Mann ein Stück, und der schenkte ihr eine Scherbe voll Öl, in der ein Docht schwamm.

Nun hatte die Frau noch zwei Stücke von ihrem Kuchen. Es ist Weihnachten, dachte sie und klopfte auch noch bei dem Mann, der ALLES hatte. Er nahm das Stück, sagte: »Mach happ!«, und der Hund hatte den Kuchen schon geschnappt.

Dann ging die Frau nach Hause. Sie fachte die Öllampe an, machte mit dem Holz Feuer, kochte aus den Körnern und dem Ei einen Brei und gab dem lahmen Spatzen die Hälfte von ihrem Kuchenrest. Sie wollte schon in die andere Hälfte beißen, doch sie legte das kleine harte Kuchenstück vor sich hin, denn sie war satt.

Meine Güte, ich bin ja satt, dachte die Frau, ich habe es hell, und mir ist warm, und ich bin nicht allein. Ich habe Geschenke bekommen und habe Freude gehabt, weil ich es geschafft habe, in dieser schweren Zeit einen Kuchen zu backen. Was für ein Weihnachtsfest!
Und die Frau war fast glücklich.

Margret Rettich: Neue wahre Weihnachtsgeschichten. Illustriert von Rolf Rettich. Anette Betz Verlag Wien/München

Anstehen vor der Suppenküche (1. Weltkrieg)
(Foto: Käthe Buchler)

Grossmutter's Blitztorte

6 Eier
12 Eiweiße
2 Päckchen Vanillezucker
250 g Zucker
250 g Mehl
100 g Butter

Man schlägt das Eiweiß zu steifem Schnee, rührt den Zucker hinein, dann vorsichtig das vorher gerührte Eigelb unterheben. Mehl hineinsieben und zuletzt die zerlassene Butter hinzufügen. Dann gibt man die Masse in eine mit Butter bestrichene und mit Paniermehl ausgestreute Springform und backt sie gleich im gut heißen Ofen.

Rezept von Margit Schliephake

PLÄTZCHEN UND WEIH-NACHTSGEBÄCK

WALNUSSGEBÄCK

200 g Butter
120 g Zucker
1 Gläschen Rum
1 Prise Salz
100 g geriebene Walnüsse
250 g Mehl
Aprikosenmarmelade
Puderzucker für Glasur
Rum für Glasur
Walnußhälften zum Verzieren

Butter, Zucker, Rum und die Prise Salz mit den geriebenen Nüssen und dem Mehl zu einem Teig kneten. Teig kühl lagern, dann kleine Plätzchen ausstechen und bei mittlerer Hitze backen. Hölzchenprobe!

Je zwei heiße Plätzchen mit Aprikosenmarmelade zusammensetzen, Oberfläche mit Zuckerglasur bestreichen, die mit einem Gläschen Rum abgeschmeckt wurde.

1/2 Walnuß auf die Plätzchen legen.

Rezept von Erika Kohlbrenner

Kleine Zuckerkuchen

250 g Butter
125 g Zucker
375 g Mehl
2 Eier
Zitronensaft
Mehl, soviel, daß es einen glatten Teig ergibt

Belag:
flüssige Butter
grober Zucker
gewiegte Mandeln

Alle Zutaten verarbeitet man zu einem festen Teig, rollt denselben aus, sticht kleine, runde Kuchen heraus, die, mit geschmolzener Butter dünn bestrichen und mit Zucker und fein gewiegten Mandeln bestreut, zimtbraun gebacken werden.

Rezept aus dem braunschweigischen Kochbuch von Elise Gerecke (um 1880)

Bittere Makronen

Hierzu bedarf man 125 g süßer und 125 g bitterer Mandeln, $^1/_2$ kg gestoßenen Zuckers und so viel Eiweiß, um ebenfalls einen weichen Teig anzurühren. Dann säubert man ein Kuchenblech, wärmt dasselbe etwas an, reibt es mit Wachs ab, legt die eingerührte Masse häufchenweis, die einzelnen Häufchen immer etwas von einander entfernt, darauf und bäckt sie im nicht zu heißen Ofen hell.

Rezept aus dem Kochbuch von Elise Gerecke (um 1880)

Anislaibchen

3 Eier
125 g Zucker
250 g Mehl
Zitronenschale von unbehandelter Zitrone
1 Kaffeelöffel Anis

sehr einfach herzustellen

Eier und Zucker gut schaumig rühren und dann die anderen Zutaten zugeben. Auf ein gefettetes Backblech kleine Häufchen setzen und über Nacht trocknen lassen. Dann bei ca. 170 Grad am nächsten Tag abbacken.

Rezept von Evelyn Rick

Heidesand

250 g Butter
200 g Puderzucker
1 Ei
1 Eigelb
1 Zitrone (abgeriebene Schale)
etwas Salz
550 g Mehl
20 g Zucker

Butter, Puderzucker und das Ei schaumig rühren, Zitronenschale und etwas Salz dazugeben und dann das gesiebte Mehl unterrühren.

Aus diesem Teig zwei Rollen formen, ca. 5 cm Durchmesser, und über Nacht kaltstellen. Dann die Rollen mit Eigelb bestreichen und im Zucker wälzen. Dünne Scheiben abschneiden und auf ein gefettetes Backblech legen und bei mäßiger Hitze 10–15 Minuten backen.

Rezept von Margot Lübke

Maisplätzchen

250 g steifes Fett (Palmin o. ä.)
200 g Zucker
450 g Maismehl (ganz fein gemahlen)
1 Päckchen Backpulver
2 Eier
1 Fläschchen Vanillearoma
(früher haben wir Vanilleschoten – getrocknete –
in der Kaffeemühle zermahlen
und stattdessen verwendet)
1/2 Teelöffel Salz

Für 40–60 Plätzchen

Das Fett wird in einem Topf auf kleiner Flamme geschmolzen. Nicht heiß werden lassen! Zucker, Eier, Aroma, Salz und das flüssige Fett in eine Schüssel geben und mit dem Rührmixgerät verrühren. Dann das Maismehl und das Backpulver hinzugeben und einen festen Teig formen.

Aus diesem mit der Hand kleine Kugeln rollen und diese dann auf einem eingefetteten Backblech flachdrücken. Vorsicht – da die Plätzchen bis zur doppelten Größe aufgehen, muß ein genügend breiter Zwischenraum vorhanden sein. Bei 180 Grad im vorgeheizten Backofen 15–20 Minuten backen.

Zur Zierde können die Plätzchen auch Mandeln, Nüsse o. ä. als Belag bekommen. Zur Weihnachtszeit kann statt des Vanillearomas 2–3 Teelöffel Zimt verwendet werden.

Rezept von Tina Gutscher

dieses Rezept ist seit vier Generationen in unserer Familie

Haferflocken-makronen

2 Tassen Haferflocken
1 Tasse Mehl
1 Tasse Zucker
1 Ei
3 Eßlöffel Milch
1 Päckchen Backpulver
1 Päckchen Vanillezucker

Rezept aus der Zeit des 1. Weltkriegs

Alle Zutaten zusammenrühren, Häufchen aufs gefettete Blech setzen und hellbraun backen.

Rezept von Brigitte Zerbst

Haferflocken-makronen mit Backobst

200 g gemischtes Backobst
200 g Butter
100 g Zucker
3 Eier
300 g Haferflocken
100 g Haselnüsse, grob zerkleinert
100 g Rosinen
1 gestrichener Teelöffel Backpulver

Variante von heute

Butter, Zucker und Eier zu einer hellen Creme rühren. Backobst klein schneiden, mit Haselnüssen, Rosinen, Haferflokken und Backpulver zu der Creme geben.

Backblech mit Backpapier auslegen, kleine Häufchen darauf setzen und im vorgeheizten Backofen bei 160 Grad 20 Minuten backen. Nicht zu braun werden lassen!

Kartoffel-Mandel-Gebäck

300 g geriebene Mandeln
4 Eiweiß
200 g Zucker
1 Päckchen Vanillezucker
1 Zitrone zum Abreiben
250 g gekochte, geriebene Kartoffeln
1 Teelöffel Zimt

Aus den geriebenen Mandeln, dem Eischnee, dem Zucker, Zitronenschale, Vanillezucker und den geriebenen Kartoffeln einen Teig vorsichtig herstellen, je nach Geschmack mit Zimt würzen.

Backblech mit Backpapier auslegen, mit Teelöffel Häufchen abstechen und auf das Blech setzen. Bei 150 Grad langsam backen.

Rezept von Dagmar Schumann

Kuranstalt Löwenwall, C. Garms, Braunschweig.

Windbeutel gefüllt

Teig:
$^1/_2$ l Wasser
200 g Biskin
300 g Mehl
9 Eier
Hagelzucker

Creme:
$^1/_4$ l Sahne
1 l Milch
250 g Zucker
4 Eigelb
4 Blatt Gelatine
70 g Puddingpulver
1 Vanillestange

Wasser mit Biskin zum Kochen bringen, Mehl hinzufügen und so lange rühren, bis sich die Masse vom Kessel löst. Den Kessel vom Herd nehmen. Unter diese Masse nach und nach 9 Eier rühren, bis die Creme wie ein fester Pudding ist.

Mit dem Spritzbeutel mit Lochtülle walnußgroße Häufchen auf ein gefettetes und bemehltes Backblech im Abstand von 5 bis 6 cm spritzen, nicht mehr als 25 auf ein Blech. Die Häufchen mit Hagelzucker abstreuen. Ofen auf 200 Grad vorheizen. Das Blech in der Mitte 12–20 Minuten backen.

Den Backofen zwischendurch nicht öffnen, denn sonst fallen die Windbeutel zusammen.

Die fertigen Windbeutel mit einer Stricknadel einstechen und vorsichtig einen Hohlraum schaffen. Spritzbeutel mit kleiner Lochtülle versehen.

Für die Creme $^3/_4$ l Milch, Sahne, Zucker, aufgeschnittene Vanillestange und kleingebröckelte Gelatine unter tüchtigem Rühren bis zum Kochen bringen. $^1/_4$ l Milch mit dem Cremepulver und den 4 Eigelben aufschlagen und in die heiße Milch geben und kurz aufkochen lassen. Die Creme 5 Stunden kaltstellen, dann erst in die kleinen Windbeutel mit dem Spritzbeutel füllen.

Rezept von Renate Schönberg
– aus Großmutters Kochbuch –

Klassisches Dekor von Fürstenberg

Lebkuchen

Für 1 kg Teig:

500 g Mehl
500 g Honig
5 g Lebkuchengewürz
10 g Pottasche
10 g Hirschhornsalz
Guß je nach Wunsch mit dunkler/heller Kuvertüre,
Mandeln, Marzipan etc.

Teig ruhig etwas stehen lassen (mehrere Tage), Lebkuchenformen ausstechen, dann bei mittlerer Hitze goldbraun backen. Mit dunkler Kuvertüre überziehen, mit Mandeln verzieren. Als Variation zunächst mit einem Teelöffel Marzipan, das zuvor mit Kirschwasser abgeschmeckt wurde, bestreichen, dann mit dunkler Schokoladenkuvertüre überziehen.

Rezept von Andreas Haertle
Café und Konditorei am Theater in Braunschweig

Braunschweiger Zuckerkuchen

800 g Mehl
120 g Butter
120 g Zucker
3 Eigelb
$^{1}/_{2}$–$^{3}/_{4}$ l Milch
80 g Hefe

Für den Belag:
500 g Butter
$^{1}/_{8}$ l Milch
Zucker zum Bestreuen
200 g Mandeln

Menge für 2 Bleche

Milch wärmen, Hefe in der Milch auflösen, zum Mehl, Zucker geben. Eigelb unterrühren, den Teig an einem warmen Ort gehen lassen.

Nach 20 Minuten auf ein gefettetes Blech ausrollen, nochmals gehen lassen. 500 g Butter aufschlagen mit etwas Milch, dieses in Flöckchen über den Teig geben, nach Belieben mit Zucker bestreuen, eventuell Mandeln dazu. Bei 220 Grad 15–20 Minuten backen. Öfters hineinschauen!

Frisch vom Blech – ein Gedicht!

BRANNTWEIN UND CO.

Als Genußmittel erfreute sich der Branntwein in älterer Zeit keineswegs eines besonderen Ansehens. Verächtlich meint der um 1520 verstorbene Braunschweiger Zollschreiber und zeitweilige Bierkellerwirt Hermann Bote, daß Branntwein wie Knoblauch durch sieben Gassen stinke. So ist verständlich, daß die im 15. und 16. Jahrhundert häufigen Luxusordnungen den Branntwein offenbar nicht erwähnen. Aber auch in Statuten, Berichten und Abrechnungen über Festmähler von Kalandsbrüderschaften, denen zu einem erheblichen Teil niedere Geistliche, Kleinbürger und Bauern angehörten, begegnet er nicht. Und ebensowenig erwähnen ihn zunächst die Aufzeichnungen verschiedener Gelagsbrüderschaften in der Stadt Braunschweig. Erstmals erscheint dort in den Abrechnungen der »Nachbargelage vor dem Steintor im Hagen« zum Jahre 1656 ein geringfügiger Betrag »vor Aquavit und Sallat«. Gelegentlich des Vogelschießens in Braunschweig 1651 weist eine Abrechnung 62 Taler für Bier gegenüber 1 Taler für Branntwein aus...

Das tägliche Getränk der Niederdeutschen war bereits im Mittelalter das Bier. In verschiedenen Qualitäten und unter vielen Bezeichnungen wurde es sowohl gewerbsmäßig zum Verkauf als auch auf den Bauernhöfen für den Hausgebrauch gebraut. Bereits in vorchristlicher Zeit war das Bier als Opfertrank gebräuchlich. Es diente weiterhin bei allen festlichen Gelegenheiten gleichsam als Bindemittel für die Gemeinschaft. So wurde »Bier« die Bezeichnung für Feste verschiedener Art.

Hans Wiswe in: Beiträge zur deutschen Volks- und Altertumskunde. Hamburg 1964

Noblesse Saveur
Eau-de-Vie
de
Marc
APPELLATION RÉGLEMENTÉE
Produce of France
Digestif de Distinction
Eau de Vie
de
Coing
Liqueur de
ÉLEVÉ EN FÛT

GETRÄNKE

Likör von schwarzen Johannisbeeren

Rezept aus dem braunschweigischen Kochbuch von Elise Gerecke (um 1880)

Es werden $^3/_4$ Kilogramm von den Stielen gestreifter, ganz reifer Johannisbeeren zerquetscht, in eine große saubere Flasche getan, nachdem noch 1 Liter Franzbranntwein darauf gegeben ist, fest verbunden vier Wochen lang in die Sonne gestellt. Alsdann setzt man 2 Gramm gestoßenen Zimts und 125 Gramm feingestoßenen Kandis dazu, stellt die Flasche, abermals fest verbunden, 8 Tage an den nämlichen Ort, klärt sodann den Liqueur durch ein feines Sieb und zieht denselben auf reine Flaschen.

Holunderbeerlikör

250 g reife Holunderbeeren
250 g weißen Kandiszucker
2 Vanillestangen
$1^1/_2$ l Korn

Die Holunderbeeren von den Stielen abperlen, waschen und gut abtropfen lassen. Mit dem Zucker und den aufgeschnittenen Vanillestangen in 2 Flaschen füllen und den Korn darübergießen. Mindestens 2 Monate stehen lassen, dann durch ein Sieb geben und die Flaschen wieder gut verkorken. Nochmals einige Zeit im Keller ruhen lassen. Dann servieren.

Schmeckt auch gut mit Sekt aufgefüllt. Dann nur einen Schuß Holunderlikör in ein volles Sektglas geben als Aperitif.

Rezept von Ute Seggelke

Schlehenlikör

1 kg reife, weiche Schlehen
10 Gewürznelken
1 Prise Pfeffer
1 Stange Zimt
1/2 Vanillestange
1 kg Zucker
1 l Korn

Schlehen mit einer Stecknadel anpieksen und in eine große Flasche geben. Nelken, Zimt, Vanillestange, Pfeffer, Zucker und Korn darübergießen und Flasche fest verschließen. 1 Monat an einem warmen Ort aufbewahren, dann im Keller 2 Monate liegend aufbewahren. Danach Likör durchsieben und nochmals abfüllen. Fest verschließen.

Ein hübsches Geschenk!

Rezept von Brigitte Voigt

Die Schlehen dürfen erst gepflückt werden, wenn der erste Frost vorbei ist. Noch ein wenig liegen lassen, dann sind sie süßer.

Riddagshäuser Schlittschuhtee

1–2 Teebeutel Glühfix

Zu gleichen Teilen:
schwarzer Tee
Orangensaft
Rum
Rotwein
Obstler
Zucker nach Geschmack

Alles in einen Topf geben und nach Geschmack zuckern. Je nach Menge 1–2 Beutel Glühfix reingeben und erhitzen (Nicht kochen). Etwas ziehen lassen und trinken. Wärmt gut durch.

Rezept aus dem Riddagshäuser Kochbuch

Johannisbeer-Flip

1 kg Johannisbeeren
200 g Zucker
2 Eßlöffel Honig
1 l Milch
4 Eigelb

Für 6–8 große Gläser

Johannisbeeren vom Stiel abperlen, in einem Topf mit Wasser bedecken (knapp) und kochen lassen, so daß ein Fruchtbrei entsteht, (nicht zu lange).

Die Fruchtmasse anschließend auf ein gespanntes Küchentuch geben und den Saft ablaufen lassen, am besten über einem hohen Topf. Mit Zucker und Honig aufkochen. Abkühlen lassen.

Wenn der Saft ganz kalt ist, mit Milch und Eigelb gut verquirlen. Auf Eiswürfel gekühlt servieren.

Rezept von Karin Müller

Minztee-Bowle

1/2 l Hagebuttentee
10 Blätter Minze
2 Teelöffel Honig
10 frische Erdbeeren

Hagebuttentee kochen (Kochbeutel), mit Honig süßen, abkühlen lassen. Minzblätter waschen, unterrühren. Erdbeeren vorsichtig waschen, in Gläser geben und den kalten Hagebuttentee mit den Minzblättern darübergießen. Äußerst erfrischend!

Rezept von Ursula Dargel

Brauner Punsch
– Kaffee einmal anders –

1 Glas Amaretto
1 Glas Eierlikör
heißer, starker Kaffee
etwas geschlagene Sahne

Amaretto und Eierlikör gut verrühren und etwas erwärmen, in ein großes Glas füllen und mit Kaffee verlängern. Mit Sahnehaube obendrauf servieren. Muß alles schön heiß sein.

Rezept der Familie Schönebaum aus dem Café Okerterrassen

Ein altes Hausrezept gegen Liebeskummer, Heimweh, Müdigkeit und Kälte…

LOBLIED AUF DIE MUMME

Der französische Dichter Frédéric de Standhal, dessen eigentlicher Name Henri Beyle lautete, kam während des napoleonischen Feldzuges als provisorischer Adjudant nach Braunschweig, wo er sich von 1806–1808 aufhielt. In seinem Tagebuch bemerkte er 1808:

»Diese braven Deutschen essen vier bis fünf Butterbrote, trinken zwei große Glas Bier und zuletzt Schnaps. Eine solche Lebensweise kann den lebhaftesten Menschen phlegmatisch machen. Mir raubt sie jeden Gedanken.
Außer dieser kleinen Mahlzeit, die einem in den Gasthöfen angeboten wird, wenn man sehr früh oder sehr spät ankommt, erhält man um ein Uhr ein Mittagessen, das heißt, eine Wein- oder Biersuppe, gekochtes Fleisch, eine Riesenschüssel Sauerkraut (auch ein verdummendes Gericht), dann einen Braten mit Krautwurzelsalat, glaube ich, der widerlich riecht und wohl kaum nach Grünzeug, wenn dieses aufgetragen wird, ist es nur im Wasser gekocht. Zu diesem Mahl, das man wütend verzehrt, gibt es gepanschten Wein, der nach Zucker schmeckt, Burgunder heißt und 10–12 Gute Groschen kostet.

Stendhal: Tagebuch in Braunschweig, neu herausgegeben 1964 Braunschweig

Das unvergorene, würzige Dunkelbier mit über 50% Malzextrakt erfreute die Braunschweiger bereits im 15. Jahrhundert, als ein gewisser Christian Mumme das Rezept für dieses Bier erfand.
Heute trinken die Braunschweiger lieber eine »lütje Lage«, Bier und Korn, wenn's draußen schön kalt ist.

Braunschweiger Mumme-Trank

Mumme
Kandiszucker
Eigelb

2 Tassen voll starker Mumme werden mit Zuckerkandis gekocht und mit einem Eidotter verquirlt.

Des Morgens an Stelle des Kaffees genossen, ist dieses Getränk sehr bruststärkend.

Rezept aus einem Kochbuch von 1899, ausgesucht von Christa Ohlmeier

1679 verkauft Zacharias Boiling – Mitbesitzer des berühmten Restaurants »Haus zur Hanse« – sein hervorragendes Bier weit über die Grenzen Braunschweigs hinaus. Er exportierte die bekannte »Mumme« – ein Bier aus Gerste – sogar über Holland nach England und West-Indien.

Braunschweig – Mumme-Haus mit Till-Eulenspiegel-Brunnen

MUMME UND METTWURST

Gedanken von Johann Heinrich Stöver 1789

Bevor ich meine Merkwürdigkeiten von Braunschweig schließe, muß ich Dich noch mit einem Gedichte auf die weltberühmte Mumme regaliren, die ein Bürger, nahmens Christian Mumme 1498 erfunden hat. Noch jetzt ist ein Mann in dieser Stadt, der den Nahmen dieses Bier-Erfinders führt, von dem ich aber nicht erfahren, ob er in gerader Linie von ihm abstammt. Das Loblied auf die Mumme, welches in der Oper Heinrich der Vogler, die im Jahre 1718 in Braunschweig aufgeführt wurde, vorkam, lautet in dem originellen hiesigen Plattdeutsch folgendermaßen:

Brönsewick! du leife Stadt,
Vor veel dusend Städten,
Dei sau schöne Mumme hat,
Wo ick Worst kan freten.
Mumme schmeckt noh mahl sau fien,
As' Tokey- un Moßler-Wien.
Schlackworst füllt den Magen;
Mumme settet Neirer-Talg,
Kan de Winne uht den Balg,
As' en Schnaps verjagen.
Wenn ick gnurre, kyfe, brumm,
Schlepe mick mit Sorgen;
Ey! so geeft my gude Mumm
Bet toun lichten Morgen!
Mumme, un en Stumpel Worst
Kan den Hunger und den Dorst,
Ook de Venus-Grillen,
Kulck, Podahl, un Thäne-Pien,
Suup ick tain Halfstöfken in,
Ogenbliklich stillen,

Hinric mag dei Vöggel fangen,
Drosseln, Artschen, Finken,
Lopen mit der Liemen-Stangen, –
Ick will Mumme drinken!
Vor dei Schlackworst laat ick stahn
Sienen besten Uer-Hahn;
Kan ick Worst geneiten,
Seih ick myck nah nist mehr um,
Lat darup fief Stöfken Mumm
Dör de Kehle fleiten,
Je! Ja! Du ehrlicke Brönsewicker Mumm,
Du störkst das Herz, machst den Kopf gleich dumm.

Dieser Panegyrist der Braunschweiger Mumme und der schönen Braunschweiger Würste hat in seiner dichterischen und schwelgerischen Extase nicht Unrecht, wenn er beyde so sehr heraushebt. Beyde Artikel sind auch im Handel sehr wichtig, zumahl die sogenannten Mettwürste, und bringen des Jahrs sehr große Summen ein. Die Mettwürste haben nicht nur durch ganz Europa Abgang, sie werden auch noch andern Welttheilen, besonders nach Ost- und Westindien verschickt, wo sie auf feyerlichen Tafeln, wie ich von einem guten Freunde, der in jenen Gegenden gewesen ist, sicher weiß, nebst Hamburgischen geräucherten Fleische ohnausbleiblich paradiren müssen, sobald der Wirth ein vollständiges Gastmahl geben will.

In Braunschweig fehlt es, wie du leicht erachten kannst, nicht an guter und vortrefflicher Bewirthung, die außer den Zeiten der Messe, wo der Zufluß von Menschen so groß ist, auch zu sehr billigen Preißen gegeben wird. Man logirt vorzüglich gut im Blauen Engel und im Hotel d'Angleterre. Das Wagnerische Koffeehaus wird stark besucht, und man ißt da vortrefflich. – Die Stadt, welche in sechs Distrikte getheilt wird, hat zusammen 2974 Häuser, und gegen 23 000 Einwohner. Unter den öffentlichen Gebäuden verdient das neue schöne und vortrefflich eingerichtete Waisenhaus in der Liebfrauenstraße eine Bemerkung. Das herzogliche Residenzschloß, der graue Hof genannt, ist ein hölzernes Gebäude, dessen Bau im Jahre 1721 von Herzog August Wilhelm angefangen wurde. Unter den vorzüglicheren Sehenswürdigkeiten in Braunschweig muß ich dir auch das vortreffliche Naturalien-Cabinett nennen, welches der Leibmedicus Bruckmann besitzt, und welches unter die vorzüglichsten Privat-Naturalien-Sammlungen gehört.

Johann Heinrich Stöver, 1764–1792, Privatsekretär und Rektor zu Buxtehude

in »In seinem neuesten politischen, civilen und litterarischen Zustande«. Ein in der Lüneburger Heide gefundes, merkwürdiges Reisejournal. Hsg. von Quintus Aemilius Publicola (d. i. Johann Hermann Stöver) Bd. 1

Hof der Mummebrauerei H. Nettelbeck, Com.-Ges. Bis 1345 Münzstätte der Herzöge von Braunschweig.

Bockbier-Bowle

500 g Zitronen
1 Tasse Zucker
1 kleine Flasche Korn
10 Flaschen Bockbier

Zitronen auspressen, mit Zucker verrühren, mit Korn versetzen und 24 Stunden kühlstellen.

Nach dem Auffüllen mit dem Bockbier ist die Bowle bereits trinkfertig.

Rezept von Margot Lübke

DER SITTLICHE ZUSTAND BRAUNSCHWEIGS UND DIE MUMME

Der sittliche Zustand Braunschweigs ist im Ganzen mit gut zu bezeichnen, wenn gleich Einige aus der Menge der unehelichen Kinder, welche hier das Tageslicht erblicken, auf Sittenlosigkeit schließen wollen. Wir müssen uns aber hüten, einer ganzen Stadt deshalb Unrecht zu tun. Ich fand die Stadt durch das Verdienst des wachsamen Stadtdirectors Bode überall in der besten Ordnung, des Abends gut erleuchtet, das Pflaster reinlich und vortrefflich, und ich war nicht wenig überrascht, als man mir die großen Steinmagazine zeigte, welche zu neuem Straßenpflaster benutzt werden sollen. Aus der Ocker, woran die Stadt liegt und wodurch sie verschönert wird, – denn durch lebendiges Wasser hebt sich jede Landschaft, – wird durch besonders eingerichtete Kunstwerke die Stadt mit Wasser versorgt. Ob dieses Wasser und die eigene Bereitung des Malzes, und besonders das längere Kochen des Biers, der Braunschweiger Mumme, die eigentliche Natur gibt, weiß ich nicht; aber so viel ist gewiß, daß man sie nirgends so gut bereitet, als hier. Die Brauer empfehlen sie Schwindsüchtigen als Palliativ- und Heilmittel, inzwischen sterben hier eben so viel oder noch mehr Menschen an der Schwindsucht, als anderwärts.

Friedrich Wilhelm Dethmar: Vertraute Briefe auf einer Reise von Hannover über Braunschweig durch die Harzgegenden. Bdchen 1. Essen 1829

DIE KÜCHE UND ICH

Christine Brückner

Wenn mir am Schreibtisch nichts einfällt, gehe ich in die Küche und backe einen Kuchen oder koche Kirschmarmelade. Der Weg zum Schreibtisch führt durch die Küche. Oder umgekehrt.
Pünktlich in die Küche, pünktlich an den Schreibtisch. Ich schreibe und koche in kleinen Portionen, dabei bleiben die Bücher und die Autoren (es handelt sich bei uns gleich um zwei Schriftsteller) schlank; darauf lege ich Wert. Hin und wieder schenkt mir jemand eine Eieruhr. Eine Weile steht sie dann auf dem Schreibtisch. Wie doch die Minuten verrinnen! Wie Sand! Was einem so einfällt, bei Sanduhren, und dann kommt sie zu den anderen in den Schrank. Die Eier setze ich weiterhin mit kaltem Wasser auf und lasse sie ein Weilchen kochen; eine Zeitangabe, die inzwischen auch dem Bedürfnis meines Mannes nach Genauigkeit genügt. Nichts, was klingelt oder pfeift; antreiben lasse ich mich nicht.

Ich bin keine Frau, die gerne aus dem vollen schöpft. Der gefüllte Kühlschrank macht mich eher ratlos, verpflichtet zur Perfektion. Die Phantasie entzündet sich am Mangel. Als ich eine Nebenher-Hausfrau wurde, da buk ich ein Weihnachtsgebäck, das wir »Ohne-alles-mit-Essig-Plätzchen« nannten. Das Ei, das in den Teig gehört, konnte man durch Milch ersetzen, die Milch durch Magermilch, die Magermilch durch Wasser, das Weizenmehl konnte durch Roggenmehl ersetzt werden, der Zucker durch Süßstoff, die 50 Gramm Fett konnten weggelassen werden, nur der Essig, der war unerläßlich. Ohne-alles-mit-Essig-Plätzchen, hauchdünn und knusprig. Vor Weihnachten hole ich Oetkers Backbuch aus dem Regal und das Quempas-Heft mit den Weihnachtsliedern, das gleich daneben steht. Das Backbuch ist nach 20 Jahren noch ansehnlich, obwohl ich in jedem Jahr die guten Elisen, Vanillekipfel und Zimtsterne backe, aber das Quempas-Heft! Da sind die Seiten fettig, weil ich beim Zubereiten des Teigs nach den Strophenanfängen suchen muß. »Was soll das bedeuten, es taget ja schon«, singe ich und gebe noch einen Schuß Rum in den Teig. Ich backe Weihnachtslieder ins Weihnachtsgebäck.

Wenn wir verwöhnte Verleger oder Lektoren zu Gast haben, bleibe ich unbekümmert. Was kann schon passieren? Entweder sie sagen: kochen kann sie besser! Oder: schreiben kann sie besser! Dieses Entweder-Oder macht mich leichtsinnig. Manchmal backe ich dann eine Pizza Christina. Es gibt eine Sommer- und eine Winterausfertigung, eine für gute und eine für schlechte Zeiten. Zuerst der Hefeteig. Ich vertraue der Triebkraft der Hefe. Hefe will und muß treiben. Das Mißtrauen vieler Hausfrauen richtet sich im Grunde nicht gegen die Hefe, sondern gegen die eigene Person. Ein Pfund Mehl, das genügt für zwei mittelgroße Bleche. Eine Prise Salz ins Mehl, die Hefe mit etwas Zucker und lauwarmer Milch anrühren – das Hefestück! Wenn es gut aufgegangen ist, den Teig fertig machen, ein Schuß Olivenöl tut ihm gut und nach dem Ausrollen, auf dem Blech, sollte er noch einmal ein Weilchen gehen. Dann pinselt man ihn mit Olivenöl ein und belegt ihn verschwenderisch oder sparsam mit dünnen Salamischeiben, geschälten Tomaten aus der Dose oder mit frischen in Scheiben geschnittenen Tomaten, mit ein paar Sardellenstreifen, gehälfteten Oliven, mit Champignons, und mit viel Käse, gerieben oder in Flöckchen oder in Scheiben. Einmal mit der Pfeffermühle darüber gehen und großzügig Oregano streuen und dann in den heißen Ofen. Wie lange? Das riecht man! Auf dem Blech in Stücke schneiden und so heiß essen wie es gebacken wurde. Dazu trinken wir einen Rosatello, einen Chianti, oder einen Lambrusco. Die meisten Zutaten kann man weglassen, nur nicht das Olivenöl, die Tomaten, den Käse, die Gewürze. Manchmal belege ich die Pizza mit Artischockenböden, zwei Gläser genügen, die Böden kann man ein- oder zweimal durchschneiden, viel Tomaten dazu, natürlich auch Käse und: Gewürze. An leichtsinnigen Tagen verteile ich Krabben auf der Pizza.

Einfallslosigkeit in der Küche werte ich wie Einfallslosigkeit am Schreibtisch. Was soll ich denn kochen? Was soll ich denn schreiben? Bei einem solchen Angebot an Zutaten, an Schicksalen! Wenige Themen, aber unendlich viele Variationen. Auch mich überfällt manchmal Verzagtheit: Was ich herstelle, das wird so rasch gegessen, so rasch gelesen, ist so rasch abgetan. Immer wieder Fehlschläge, mal hier, mal dort, aber täglich die Möglichkeit, eine Schlappe, die ich hier erlitt, dort auszumerzen.

Christine Brückner: Die Küche und ich. Gastkolumne in »Essen und Trinken«. Verlag Gruner & Jahr, Hamburg 11/1980

In der Speisekammer
(Foto: Käthe Buchler)

MARMELADEN

Frische Erdbeermarmelade
– ungekocht –

1 kg Erdbeeren
1 kg Gelierzucker
1 Zitrone

Früchte waschen, entstielen und gut abtrocknen. Mit der Gabel zerdrücken und Gelierzucker darauf geben. Jetzt mit dem Handmixgerät so lange rühren, bis sich an der Oberfläche Schaum bildet, ca. 15 Minuten. Eventuell Pausen einlegen. Zwischendurch immer mit ein wenig Zitronensaft beträufeln. Die Marmelade in kleine Gläser füllen und in den Kühlschrank stellen, hält sich ca. 1 Monat und schmeckt sehr aromatisch.

Rezept von Lieselotte Penk

Stachelbeermarmelade

1 kg Stachelbeeren
500 g Zucker zum Einmachen
4 Eßlöffel Honig
2 Päckchen Vanillezucker
Zitronenschale

Die Stachelbeeren gut waschen, Blüte und Stiel abschneiden und mit der Moulinette zu einem Brei zermusen. Die Fruchtmasse mit dem Einmachzucker, Honig, Vanillezucker und der abgeriebenen Zitronenschale zum Kochen bringen und unter ständigem Rühren leise köcheln, bis sie dick wird (ca. 10 Minuten). Dann in Gläser füllen. Mit Gummiringen, Deckeln und Klammern verschließen.

Rezept von Inge Hornburg

Rhabarbermarmelade mit Feigen

1 kg Rhabarber
250 g getrocknete Feigen
Zitronensaft
750 g Gelierzucker

Rhabarber waschen und in kleine Stückchen schneiden. Mit dem Gelierzucker, den getrockneten, kleingeschnittenen Feigen, dem Zitronensaft kochen und ständig umrühren. 5 Minuten fest kochen lassen bis die Masse etwas dicklich wird, sofort in Gläser füllen.

Rezept von Gerda Dürkop

Kronsbeerenmarmelade mit Korn

750 g Kronsbeeren (Preiselbeeren)
125 g Äpfel
125 g Birnen
1 Glas Korn, klein
1 kg Gelierzucker

Kronsbeeren gründlich waschen und in der Moulinette zermusen. Äpfel und Birnen in kleine Stückchen schneiden, alles zusammen mit dem Gelierzucker aufkochen und 4–5 Minuten kochen lassen. Erst jetzt den Korn unterrühren, in Gläser füllen. Schmeckt herb und köstlich.

Läßt sich auch als Füllung von gekochten Birnen zu Rehrücken verwenden.

Rezept von H. Lickert

Holst's Garten

Schlehen-Apfel-marmelade mit Schuss

500 g Schlehenmus
500 g Apfelmus
750 g Gelierzucker
1 Glas Calvados

Die Schlehen erst nach dem ersten Frost ernten oder – wenn sie noch nicht ganz reif sind, in den Kühlschrank legen (Gefrierfach), dann sind sie am nächsten Tag weicher. Mit Wasser bedeckt kochen, bis sie weich sind, dann zermusen. Äpfel in Schnitze schneiden, kurz aufkochen, ebenfalls zermusen (geht gut mit der flotten Lotte). Erkalten lassen, dann Schlehen- und Apfelmus mit Gelierzucker verrühren und die Masse 5 Minuten kochen und dann in Gläser füllen. Bevor der Deckel zugeschraubt wird, jeweils einen Teelöffel Calvados auf die Marmelade geben.

Ein altes handschriftlich überliefertes Rezept aus Schladen, etwas abgewandelt

KRIEGSREZEPTE

Beefsteak ohne Fleisch aus dem 1. Weltkrieg

2 Brötchen
3–4 mittlere, gekochte Kartoffeln
1 walnußgroßes Stück Hefe
1 Zwiebel

Für 4–6 Personen als Beilage

Brötchen einweichen, ausdrücken. Gekochte Kartoffeln reiben, alles mit der Hefe gut verrühren. Aus der Masse Klöße formen und die kleingehackte Zwiebel oben hinein drücken und braten.

Rezept von Brigitte Zerbst

Haferflocken-bratlinge

200 g Haferflocken
$^{1}/_{2}$ l Wasser
$^{1}/_{2}$ Teelöffel Salz
1 Eßlöffel Zucker
$^{1}/_{2}$ Teelöffel Zimt
2–3 Teelöffel Fett
1 Ei

Haferflocken 1 Stunde in Wasser einweichen, dann Salz, Zucker, Zimt und Ei hinzufügen, durchrühren. Von der Masse mit einem Löffel kleine Kuchen in die Pfanne geben und knusprig braten.

Beigabe: gekochtes Obst

Haferflockenbratlinge, die ohne Zucker und Zimt zubereitet werden, können als Beigabe zu Gemüse gereicht werden.

Das Rezept stammt aus dem Kochbuch meiner Mutter von 1933.

Rezept von Barbara Klages

Hilfsdienst im 1. Weltkrieg
(Foto: Käthe Buchler)

Aufläufe aus Birnen oder Äpfeln

Birnenteig

500 g Mehl
125 g Butter
200 g Zucker
5 Eier
feiner Cardamom
abgeriebene Zitronenschale
1–1 1/2 Tassen Milch
1 Päckchen Backpulver
Birnen
Zucker
Zimt

In einer großen feuerfesten Pfanne kocht man geschälte, halbierte Birnen mit Zukker und etwas Zimt in reichlich Wasser auf dem Herd halb gar. Inzwischen hat man den Teig bereitet. Für ihn werden Butter, Zucker, Eier und Gewürz schaumig gerührt, mit der Milch versetzt und mit dem mit Backpulver vermischten Mehl verrührt. Dieser Teig kommt auf die Birnen. Die Speise schiebt man in den Ofen und backt sie 1 1/4 Stunde. Sie kommt in der Pfanne auf den Tisch.

Haferflockenauflauf mit Äpfeln

200 g Haferflocken
3/4 l Milch
4 Eier
150 g Rosinen
150 g Zucker
50 g Sukkade
75 g Butter
1 kg mürbe Äpfel

Die Milch wird ins Kochen gebracht, die Haferflocken werden unter Rühren hineingeschüttet und müssen darin langsam weich ausquellen und erkalten. Dann werden die Eigelb, 50 g Zucker und zuletzt der steife Eiweißschnee unterzogen. Vorher muß man die geschälten Äpfel in kleine Stückchen schneiden und in 50 g Butter mit 100 g Zucker weich schmoren, worauf man die Rosinen und feingeschnittene Sukkade mit den Apfelstücken mischt. Eine Backform wird eingefettet und schichtweise mit Äpfeln und Haferflocken gefüllt. Obenauf legt man kleine Butterflöckchen und backt den Auflauf bei mäßiger Hitze 30 Minuten.

Einfacher Apfelpudding

Rezepte aus einem Kochbuch von 1932

500 g Mehl
250 g Kalbsnierenfett
2 Eier
1 Tasse Wasser
50 g Zucker
1 Prise Salz
750 g Äpfel
200 g feiner Zucker

Aus Mehl, dem feinstens gewiegten Kalbsnierenfett, Eiern, Wasser, 1 Prise Salz und Zucker wird ein Teig bereitet, der kräftig geschlagen werden muß. Eine eingefettete Puddingform wird am Boden und an den Seiten bis zum Rande gleichmäßig mit der Hälfte dieses Teiges bestrichen, worauf die Form zu knapp zwei Dritteln mit den feinscheibig geschnittenen und mit dem Zucker durchstreuten Äpfeln gefüllt wird. Dann gibt man den halben Teigrest darüber, darauf weiter gezuckerte Apfelscheiben und den Rest des Teiges obenauf. Der Pudding muß 2 Stunden kochen, er wird gestürzt und mit Zucker bestreut.

Braunschweiger Landgericht

$1^1/_2$ kg Kochbirnen
40 g Butter
60 g Zucker
1 Prise Salz
$1^1/_4$ kg Kartoffeln
2 Eier
Salz
1 geriebene Zwiebel
50 g Butter

Die kleinen zartschaligen Birnen werden in $1^1/_2$ Liter Wasser, mit der Butter, dem Zucker und einer Prise Salz angekocht. Die geschälten Kartoffeln werden roh gerieben, mit den beiden Eiern, Prise Salz und den geriebenen Zwiebeln vermischt und der Teig auf die Birnen gelegt. Obenauf gibt man kleine Butterflöckchen. Das Kochgeschirr kommt offen in einen nicht zu heißen Ofen und bleibt $1^1/_2$ Stunden darin. Dann hebt man den Teig ab, legt ihn auf eine Schüssel und gibt die Birnen mit ihrer Brühe herum.

Ein Schornsteinfeger beim Mittagessen 1916
(Foto: Käthe Buchler)

Kartoffelsuppe

1 kg Kartoffeln
1 l Brühe aus Knochen
Suppengrün
1 Bregenwurst

Für 4 Personen

Die Kartoffeln schälen, würfeln und in der Knochenbrühe mit Suppengrün weichgaren. Die Bregenwurst kurz mitkochen, 10 Minuten ziehen lassen. Die Kartoffeln durch ein Sieb streichen, die Bregenwurst in kleine Stücke schneiden und in die Suppe geben. Mit Salz und Pfeffer abschmecken.

Rezept von Helene Ludwig

Sellerie-Koteletts

1 Sellerieknolle
Semmelbrösel
Salz, Pfeffer

Sellerie-Knolle säubern, in Salzwasser kochen und schälen. In dicke Scheiben schneiden und panieren. Ohne Ei. In wenig Fett braten, salzen und pfeffern.

Dazu paßt eine Tomatensauce mit vielen Kräutern aus pürierten Tomaten, leicht angebräunten Zwiebeln, Knoblauchzehe, Basilikum und einem Löffel Schmand. Damit wird aus dem Kriegsrezept eine Delikatesse für Vegetarier.

Rezept von Sigrid Klinger

Ein Rezept aus dem Jahre 1946, ausprobiert von Sigrid Klingner, die damit ihren Vater und Bruder in dieser schweren Zeit beköstigte. Das Häuschen war zerbombt, der Keller notdürftig hergerichtet. Darin war die Küche bzw. der Herd untergebracht.

Gewürzkuchen

140 g Marmelade
200 g Puderzucker
1 Teelöffel Zimtersatz oder Honigkuchengewürz
500 g Mehl
1 Päckchen Backpulver
$^{1}/_{4}$ l Milch

Rezept von Irene Becker

Dieses Rezept wurde für die Feldpostpäckchen 1942 ausgewählt, mit denen während des Krieges die Soldaten an der Front versorgt wurden. Da dieser Kuchen sich lange frisch hält, konnte er zum Weihnachtsfest bereits im November vorbereitet und abgeschickt werden.

In der Rezeptvorlage wird außerdem auf das richtige Maß für die Feldpostpakete hingewiesen.

Marmelade, Puderzucker und das Gewürz gut verrühren. Das gesiebte, mit Backpulver gemischte Mehl abwechselnd mit der Milch dazurühren. Den Teig in eine gut gefettete und mit Semmelbröseln oder Grieß ausgestreute Form füllen und den Kuchen $^{3}/_{4}$–1 Stunde backen. Dieser Kuchen kann nach dem Backen durchgeschnitten und nach Belieben mit Marmelade gefüllt werden.

Passend nach Größe und Gewicht (1 kg Rührteig verliert beim Backen 40 g an Gewicht), wird der Weihnachtskuchen im Bodenteil des Feldpostpäckchens anstatt in einer Kuchenform gebacken. Der Karton wird mit gefettetem Pergamentpapier ausgelegt (Papier etwas überstehen lassen, damit der Kuchen nach dem Backen zum Abkühlen herausgehoben werden kann), der Teig eingefüllt, der »Backkarton« aufs Backblech geschoben und der Kuchen bei Mittelhitze gebacken.

Für 100 g Feldpostpäckchen eignen sich gut gesäuberte Ölsardinendosen als passende Kuchenform. 1 Eßlöffel Rührteig in die Form gefüllt ergibt gerade mit der Verpackung 100 g.

Frauen beim Ausbessern von Lazarettwäsche im Altstadtrathaus, 1915
(Foto: Käthe Buchler)

KOCHEN WIEDER EINE FREUDE

Die Blitz-Küche

Ich bin selbstverständlich, wie immer, eilig. Ich muß mein Essen in zehn Minuten machen, damit ich mich hinterher noch dem schönen Genuß des Ausruhens hingeben kann. Ich komme also aus der Redaktion und setze einen Kessel mit Wasser auf das Feuer.

Vor mir liegen vier Kalbsschnitzel. Es ist Monatsanfang! Sechs Tomaten, Zwiebel, Butter und Sahne aus der Büchse. Die Zwiebel schäle ich unter fließendem Wasser. Ein Kunstgriff. Merken Sie ihn sich.

Ich setze zwei Bratpfannen auf die Gasflammen, in jeder ein nußgroßes Stück Butter. Passen Sie gut auf! Kleine Flamme!

Ich ziehe die Schnitzel durch Mehl und lege sie gleichmäßig in die eine Pfanne. Die Butter ist zergangen. Ich drehe die Flamme größer. In die andere tue ich die feingeschnittene Zwiebel. Ich lasse sie nicht anbrennen. Die Tomaten in zwei Hälften durchschnitten, lege ich mit der Schnittfläche in die Pfanne zu den Zwiebeln. Mit spitzem Messer werden die Schalen mehrmals durchstochen. Drei Minuten vergehen, ich wende die Tomaten, salze, ein wenig Zucker, Pfeffer. Ich stelle die Flamme ganz klein. Nun beschäftige ich mich wieder mit den Schnitzeln. Ich wende sie um. Auf der einen Seite sind sie gebräunt. Das eine ist sogar zu sehr gebräunt. Schade. Aber das wird sich ausgleichen lassen. Ich tue ein kleines Butterstückchen dazu.

Fünf Minuten sind kaum vergangen. Ich brauche nur noch zuzusehen. Indessen bereite ich das Kaffeepulver in den Tassenfilter, bereite zwei Kopfsalatherzen.

Die Tomaten sehen etwas trocken aus. Ich gebe etwas Wasser zu und träufle Zitrone darüber. Die Schnitzel färben sich auch auf der anderen Seite. Ich salze, gebe einige Tropfen Weißwein zu. Die Flüssigkeit kocht, wird durch das Mehl der Panade dick, die Sauce färbt sich, verdampft. Ich bin fertig. Und nun kommt das große Kunststück: Um die Tomaten verteile ich 80 Gramm dicke Sahne, die sich mit dem Tomatensaft vermischt. Ich rüttele die Pfanne. Alles ist heiß. Knapp zehn Minuten habe ich gearbeitet. In

der Zwischenzeit sind meine drei Buben nach Hause gekommen. Der Tisch ist gedeckt. Ein goldgelbes Wachstuch, ein Strauß Astern, ein Vorgericht aus harten Eiern und Mayonnaise, ein Krug frisches Wasser.
Das Vorgericht verschwindet unter Heiterkeit. Ich verlasse den Tisch. Ich drehe die Flamme ganz auf. Dann richte ich an. Um die Schnitzel gebe ich die Tomaten. Über die Tomaten gieße ich die Sahnesauce. Auf die Schnitzel kommt die braune Sauce. Ich stelle den Wasserkessel wieder aufs Feuer. Und trage das Essen auf ... Geglückt! Geglückt!
Dann: Salat, dann Obst, Äpfel, Weintrauben, Bananen, je nach dem Datum im Monat. Ich habe noch zwanzig glückliche Minuten vor mir. Ich setze mich in den Sessel. Till bringt mir den Tassenfilter mit dem heißen Wasser, die Braunschweiger Zeitung und errechnet die Zeilenhonorare. Ich begieße das duftende Pulver und zünde mir eine Red Rock an, drehe das Radio an ... Tschaikowsky ... Glückseligkeit! – Ein Sonnenstrahl erhellt das Zimmer. »Hätten wir doch in den Ferien so schönes Wetter gehabt«, sagt Urs. »Sei nicht unzufrieden«, antwortet Truls, der Jüngste, »du mußt es machen wie Peterpapa: Lebenskünstler sein.«

Peter Sylvester

Unter der Rubrik »Kochen wieder eine Freude« veröffentlichte seit 1948 bis in die fünfziger Jahre der Künstler, Kunsthistoriker und Kritiker Dr. Peter Lufft unter dem Pseudonym Peter Sylvester in den verschiedenen Tageszeitungen Kochrezepte, die einen wunderbaren Einblick in die Zeit, aber auch in die Lebensfreude und Vielseitigkeit des Autors bieten.

VORZÜGLICH LOGIEREN UND VORTREFFLICH ESSEN

In Braunschweig fehlt es, wie Du leicht erachten kannst, nicht an guter und vortrefflicher Bewirthung, die außer den Zeiten der Messe, wo der Zufluß von Menschen so groß ist, auch zu sehr billigen Preißen gegeben wird. Man logirt vorzüglich gut im Blauen Engel und im Hotel d'Angleterre. Das Wagnerische Koffehaus wird stark besucht, und man ißt da vortrefflich.

Johann Herman Stöver in seinem Reisejournal von 1789

Heute steigt der Reisende im Ritter St. Georg, im Mövenpick-Hotel, im Deutschen Haus, Mercure oder sonstigen, noblen Herbergen ab. Und in den Feinschmeckerzeitschriften werden die besten Restaurants der Löwenstadt mit Punkten, Kochmützen, Gabeln oder ähnlich begehrten Etiketten versehen.
Zur »Braunschweiger Küche« haben sich Profi-Köche einige äußerst delikate Rezepturen einfallen lassen, die auch im Privathaushalt gut nachzukochen sind.

STATT EXOTISCH, FEIN BÜRGERLICH

Adieu Trüffel, Hummer und Co.! Der neueste Trend in Sachen Gaumenmode heißt regional. Direkt vom Markt, am besten aus Nachbars Garten – biologisch, dynamisch, und landestypisch.
Wirsing und Kürbis werden fein bürgerlich serviert, statt exotische Nobelprodukte bevorzugen die Gourmets immer häufiger heimische Spitzenware. Die Rückkehr zu den eigenen Wurzeln wird begleitet von Gemüseterrine und Kaninchenfilet, versüßt durch Pflaumenmus und Welfenspeise. Ein Blick in die Profiküchen gibt überraschende Entdeckungen preis: Mit Kartoffeln und Co. werden hier Feinschmeckermenüs komponiert, die selbst die verwöhntesten Gäste und Gourmets aus aller Welt begeistern.

MENÜS VON BRAUN-SCHWEIGER KÜCHENCHEFS

Festliches Herbstmenü

Roggennudeln mit Pfifferlingen und Herbsttrüffeln

Rezept von Jügen Böwig, lange Jahre Küchenchef im Atrium-Hotel in Braunschweig, jetzt verwöhnt er Topmanager und ihre Gäste im MMI (V.A.G. Marketing Management Institut GmbH) in Riddagshausen.

Nudeln:
250 g Roggenmehl
2 Eier
Salz
1 Eßlöffel Öl
1 Eßlöffel Weißwein

Pfifferlinge:
200 g frische Pfifferlinge
20 Butter
Salz
weißer Pfeffer aus der Mühle
2 Schalotten
1 Eßlöffel Petersilie

Trüffeln:
2 frische, schwarze Trüffeln
2 cl Madeira
2 cl Geflügelbrühe
Salz
weißer Pfeffer aus der Mühle

Für 4–5 Personen

Nudeln: Das Mehl mit den übrigen Zutaten zu einem glatten Teig kneten, dann sehr dünn ausrollen und in Streifen (ca. 30 cm lang und 0,5 cm breit) schneiden. In Salzwasser aufkochen und auf ein feuchtes Tuch legen.

Pfifferlinge: Die Pfifferlinge gründlich putzen, die Schalotten sehr fein, die Petersilie grob hacken. In einer kleinen Sauteuse 20 g Butter aufschäumen lassen, die Pfifferlinge hineingeben und leicht mit Salz und Pfeffer bestreuen. Langsam gardünsten, wobei die Flüssigkeit fast ganz verdunsten soll. Kurz vor dem Servieren werden die gehackten Schalotten und die Petersilie beigegeben.

Trüffeln: Trüffeln bürsten, waschen und in Scheiben schneiden. In Madeira und Geflügelbrühe werden die Trüffeln ca. 20 Minuten lang gedünstet. Den Saft läßt man bis zur Dickflüssigkeit einkochen.

Roggennudeln in einer Sauteuse anschwenken, mit den Pfifferlingen und den Herbsttrüffeln vermischen. auf heißen Tellern anrichten, mit den Filets einer abgezogenen Tomate garnieren und servieren.

SAUERAMPFERSUPPE

3 handvoll Sauerampfer
1 großes Stück Butter
4 Scheiben Weißbrot
2 Eigelb
Essig
1 Eßlöffel Milch
Salz
Pfeffer

Drei Handvoll Sauerampfer werden sorgfältig gewaschen, Stiele und Mittelrippen abgezupft und in einem großen Stück Butter auf langsamem Feuer geschmolzen. Dann fügt man Salz, Pfeffer und genügend heißes Wasser hinzu, um nach dem Einkochen Suppe für 4–5 Personen zu haben. Man bringt die Suppe zum Sieden und läßt sie zwanzig Minuten gelinde kochen. Inzwischen trocknet man im Ofen ein paar ganz dünne Scheiben Weißbrot und legt diese anschließend in Suppenterrinen. In einer Tasse verrührt man zwei Eigelb, ganz wenig Essig und einen Eßlöffel Milch, gießt den Inhalt der Tasse zu der Suppe, rührt über dem Feuer gut um und schüttet die Suppe dann über die Weißbrotscheiben in die Suppenterrinen.

Kaninchen a la minute

1 junges Kaninchen
125 g Butter
Salz, Pfeffer, Muskat
3 gehackte Schalotten
etwas Weißwein
zum Abschmecken

Ein junges Kaninchen wird gesäubert, abgetrocknet und zerlegt. In einer Pfanne läßt man ein viertel Pfund Butter zergehen, legt die Kaninchenstücke hinein, fügt Salz, Pfeffer, sowie Muskatnuß hinzu und brät auf starkem Feuer. Von Zeit zu Zeit rüttelt man die Pfanne. In zehn oder zwölf Minuten ist das Fleisch gar. Kurz vorher gibt man zwei oder drei feingehackte Schalotten und schließlich noch ein wenig gehackte Petersilie hinzu, rüttelt die Pfanne kräftig, schmeckt ab und richtet an.

Wenn man möchte, kann man auch einen Schuß Weißwein dazugeben, doch darf dies keine Sauce ergeben, da das Gericht trocken sein soll.

Dazu: Gemüse der Jahreszeit und Kartoffelgratin.

Creme Caramel

250 g Zucker
$^1/_4$ Vanillestange
Butter zum Ausfetten
15 Eigelb
$^3/_4$ l Milch

Für 4–5 Personen

Man kocht 250 g Zucker mit einem Stückchen Vanille und etwas Wasser zu schön hellbraunem Caramel und gießt mit diesem den Boden einer mit Butter ausgestrichenen Charlottenform dünn aus. Den übrigen Zucker kocht man mit etwas Wasser zu Sirup. Diesen verquirlt man mit 15 Eigelben, 3 ganzen Eiern und $^3/_4$ l Milch. Diese Masse gießt man anschließend durch ein Sieb in die Form und gart es in einem Wasserbad, welches aber nicht wallen darf. Die ausgekühlte Crème wird erst kurz vor Gebrauch gestürzt, wobei die Form in warmes Wasser getaucht wird.

Dazu serviert man Caramelsirup.

Neue Braunschweiger Spezialitäten

Rezept von Stefan Hopf
Küchenchef im Ritter St. Georg

Das 1985 neu renovierte Hotel und Restaurant wurde 1454 erstmals urkundlich erwähnt. Einst war das schöne Fachwerkhaus im Besitz der Familie Witten, die dem Knochenhauerhandwerk (Schlachterhandwerk) nachging, später wohnten dort angesehene Ratsherren und Patrizierfamilien der Altstadt.

Berühmt ist die Holzbarocktreppe (um 1700), die vom Restaurant nach oben in die Hotelzimmer führt. Ein Gourmet wird sich über das folgende Menü freuen; die Zutaten gibt's in Riddagshausen, im Elm und auf dem Altstadtmarkt.

Maultaschen von Lachs, Poularde und Linsenkeimlingen

Für den Nudelteig:
300 g Vollkornweizenmehl (1050), gesiebt
3 Eier
Salz
etwas Wasser

Für die Füllung:
200 g Poulardenbrust
200 g Lachsfilet
200 g Linsenkeimlinge
50 g Gemüsewürfel
1 Bund Kräuter
1 Ei
1/4 l Sahne

Für die Salate:
1 Becher Joghurt
1 Bund Schnittlauch
1 Schalotte
Salz, Pfeffer, Zucker
etwas milder Senf
Balsamicoessig
Pflanzenöl
Salate, die der Markt anbietet (Gurken, Radieschen, Pilze, Kräuter, Blattsalate, Keimlinge, ...)

Für die Füllung 100 g Poulardenbrust in der Moulinette zerkleinern und mit dem Ei und etwas Sahne eine lockere Farce bereiten.

Das restliche Fleisch und den Fisch in Würfel schneiden, leicht anbraten und mit den Kräutern, den Gemüsewürfeln und den Linsenkeimlingen zur Farce geben. Abschmecken.

Den Nudelteig ausrollen, die Farce mit einem Löffel darauf verteilen, den Teig überschlagen und andrücken. Anschließend in Stücke schneiden und in gesalzenem Wasser garen oder dämpfen.

Für die Salate alle Zutaten putzen, waschen und in mundgerechte Stücke zerteilen. Aus dem Joghurt, dem Schnittlauch, Salz und Zucker die Marinade für die Maultaschen und aus den restlichen Zutaten die Marinade für die Salate bereiten.

Auf einem Teller die Salate dekorativ in der Mitte anrichten, die Maultaschen rund um die Salate herumlegen und mit der Joghurtmarinade beträufeln. Den Rest der Marinade zum Servieren in eine Sauciere geben.

Riddagshäuser Schleienfilet auf Gemüse gedünstet

2 Schleien à 400–500 g
1/4 l Wasser
1/4 l Weißwein
Wacholder, Pfeffer, Dill,
Lorbeer, Salz, Pfeffer
20 g Butter
Karotten, Sellerie, Poree,
Petersilienwurzel

Die beiden Fische filieren und enthäuten. Die Bauchgräten mit einer Pinzette oder kleinen Zange ziehen. Aus den Gräten und allen anderen Zutaten einen Sud bereiten, durch ein Sieb geben und in einem Gefäß aufbewahren.

Die Gemüse (nach Saison) putzen, schälen und in feine Streifen schneiden. In einer flachen Pfanne mit der Butter anschwenken, die Schleienfilets (leicht gewürzt) auflegen und mit etwas Sud ablöschen. Mit einem Deckel verschließen und 3–4 Minuten dünsten. Der Fisch ist sehr schnell gar.

Mit einem Schaumlöffel auf den Tellern verteilen, etwas Sud zugeben.

Dazu passen sehr gut neue Kartoffeln.

Fisch im Dillbett, serviert auf Fürstenberg-Porzellan

Maronensouffle mit Walnuss-Sauce und glacierten Williamsbirnen

½ l Milch
400 g geschälte Maronen
½ Vanillestange
2 Eigelb
1 cl Kirschwasser
100 g Eiweiß
50 g Zucker
20 g Butter
20 g Zucker
(beides zum Ausstreichen der Souffléförmchen)
2 reife Williamsbirnen
1 dl Weißwein
3 Eßlöffel Staubzucker
20 g Butter

Für die Sauce:
60 g Sahne
10 g Butter
60 g Zucker
75 g Walnüsse
1 dl Milch

Für 4 Personen

Die geschälten Maronen mit der halbierten Vanillestange in der Milch kochen lassen bis sie fast zerfallen. Die Vanilleschote entfernen, die Masse im Küchenmixer fein pürieren und durch ein feines Sieb passieren. In dieses Maronenpüree 10 g flüssiges Eiweiß sowie Eigelb und Kirschwasser einrühren und erkalten lassen. Eiweiß zusammen mit dem Zucker steif schlagen. Zuerst einen Teil des aufgeschlagenen Eiweißes in die Masse rühren, den Rest mit einem Spatel unterheben. In mit Zucker und Butter ausgestrichene Förmchen füllen (bis 1 cm unter dem Rand) und im 210 Grad heißen Backofen 25–30 Minuten im Wasserbad backen.

Zubereitung der Sauce:
Die Walnüsse fein hacken, mit der Sahne, Butter und Zucker zum Kochen bringen und einreduzieren bis alles leicht zu karamelisieren beginnt. Das Ganze mit der Milch auffüllen, aufkochen und die Sauce erkalten lassen. Kurz vor dem Anrichten etwas geschlagene Sahne unterheben.

Für die Birnen:
Die Williamsbirnen schälen, längs halbieren, das Kerngehäuse entfernen und fächerartig ausschneiden. In Weißwein mit Staubzucker und Butter die Birnenfächer weich glacieren.

Anrichten des Desserts:
Die Walnußsauce auf 4 Teller verteilen und zusammen mit dem Soufflé und den glacierten Birnen anrichten und servieren.

Gourmet-Menü mit grosser Tradition

Rezepte von Horst Kerkering, Küchenchef im Haus zur Hanse

Seit 1627 wird in einem der schönsten Fachwerkhäuser Braunschweigs, im »Haus zur Hanse«, Bier gezapft. Damals war es Zacharias Boiling, Bürgermeister und Kriegshauptmann der Stadt Braunschweig, der dank des Erwerbs der Braugerechtsame Bier nicht nur zum Eigenbedarf, sondern erstmalig zum Verkauf braute. Er exportierte die bekannte »Mumme« – ein Bier aus Gerste – sogar über Holland nach England und West-Indien. Heute wird in diesem schönen Restaurant immer noch frisch gezapftes Bier getrunken und exquisit getafelt mit verführerischen Gaumenfreuden.

Zanderterrine an Kresseschmand

300 g gewürfeltes Zanderfilet
2 Eiklar
1/4 l Sahne
1 cl Pernod
Salz und Pfeffer aus der Mühle
1 Becher Crème fraîche
1 Päckchen Gartenkresse
Salz, Pfeffer

Alle Zutaten für die Terrine gut gekühlt in einer Moulinette mixen, bis eine feine Farce entsteht. Diese in eine ausgebutterte Form füllen und ca. 30 Minuten im Wasserbad bei 80 Grad pochieren (garziehen lassen).

Für den Kresseschmand 1 Becher Crème fraîche mit Salz und Pfeffer und einem Päckchen Gartenkresse verrühren.

Die Zanderterrine stürzen und mit dem Kresseschmand drapieren.

Creme von Rote Bete

1 Schalotte gewürfelt
30 g Butter
30 g Mehl
125 g Püree von Rote Bete
1/4 l kräftige Fleischbrühe
1/4 l flüssige Sahne
100 g Crème fraîche
Salz, Pfeffer aus der Mühle
Sahne

Butter auslassen und die Schalottenwürfel glasig dünsten, Mehl zugeben und verrühren, die Fleischbrühe, flüssige Sahne, Crème fraîche zugeben und aufkochen lassen. Mit Salz und Pfeffer abschmecken und durch ein Sieb passieren.

Rote Bete-Püree und ein wenig geschlagene Sahne zugeben, danach mit dem Mixstab aufmontieren.

Heidschnuckenrücken im Wirsingmantel, glacierte Schalotten und Auflauf-Kartoffeln

600 g ausgelöster Heidschnuckenrücken
4 Wirsingblätter
4 Schweinenetze
150 g Schalotten
25 g Butter
$^1/_4$ l Portwein
500 g Kartoffeln
$^1/_4$ l Sahne
$^1/_4$ l Milch
1 Knoblauchzehe
100 g geriebenen Käse
Salz und Pfeffer aus der Mühle

Die Heidschnuckenrückenstränge portionieren, in Öl anbraten und würzen. 4 blanchierte Wirsingblätter ausbreiten und das Fleisch darin einrollen, mit Schweinenetz umwickeln und im vorgeheizten Ofen ca. 10 Minuten bei 250 Grd weitergaren.

Die abgezogenen Schalotten in etwas Butter anschwitzen, mit Portwein auffüllen und so lange reduzieren, bis die Schalotten glasig werden.

500 g geschälte Kartoffeln in dünne Scheiben schneiden und in eine ausgebutterte Auflaufform geben, die mit Knoblauch ausgerieben wurde. Mit Sahne und Milch begießen, den geriebenen Käse darüber verteilen und im heißen Ofen ca. 25 Minuten backen.

Honighalbgefrorenes auf Brombeermark

4 Eßlöffel Honig (oder mehr)
$^1/_2$ l Sahne
6 Eigelb
100 g Zucker
Mark einer Vanilleschote
150 g Brombeeren

Für 4 Personen

Die Eigelb mit dem Zucker und dem Vanillemark auf dem Wasserbad schaumig schlagen. Die Masse erkalten lassen, den Honig zugeben und $^1/_2$ l geschlagene Sahne unterheben. Die Masse in vier Förmchen füllen und einfrieren.

150 g Brombeeren mit etwas Zucker im Mixer pürieren und über das Halbgefrorene geben. Mit Sahne und Minze dekorieren.

Austern-Rezepte

»Auster öffne Dich« – leicht gemacht

Rezepte von Urs Müller

Urs Müller, Küchenchef im Mövenpick-Hotel, ist Weltmeister im Austernknacken.

Seine Spezialrezepte sind überbackene Austern und Austernsuppe, beides wird von den Gästen im »Rössli« hochgeschätzt und oft gewünscht.

Die kostbare Delikatesse gab es übrigens bereits vor vielen Jahrhunderten. Bei Ausgrabungen in der Region fanden sich zahlreiche Austernschalen, ein Beweis für den exquisiten Geschmack unserer Vorväter.

Nehmen Sie ein gefaltetes Tuch. Darauf legen Sie die Austern, die flachere Seite zeigt zum »Handballen«, die bauchigere Schale liegt unten. Sie setzen das Messer an der dicksten Seite der Auster am »Scharnier« an.

Mit einem kräftigen Druck zwängen sie das Messer zwischen die beiden Schalenhälften, schieben es dann unter den Deckel und trennen zugleich den Muskel.

Mit einer Drehbewegung heben sie die obere Schale ab. Aber aufgepaßt: Auster nicht zerschneiden!

Legen Sie den Deckel beiseite und entfernen Sie die abgebrochenen Schalensplitter, ohne das Austern-Wasser zu verschütten. Mit dem Messer lockern Sie die Auster aus der unteren Schale, heben sie an die Lippen, kauen das Fleisch und schlürfen das Meerwasser – welch herrlicher Genuß!

Überbackene Austern

Frischer Blattspinat
Butter
Schalotten
Geschlagene Sahne
Mayonnaise
Geriebener Parmesan
Austern

Die gehackten Schalotten in etwas Butter glasig dünsten, den frischen Spinat zugeben, würzen und weichdünsten.

1 Teil Mayonnaise, 1 Teil geschlagene Sahne mit $^1/_{10}$ Teil geriebenem Parmesan mischen.

In der Austernschale etwas Spinat anrichten, die ausgelöste Auster darauflegen mit der Sauce überziehen und überbacken.

Austernsuppe

8 Austern
4 dl Fischfond
$^1/_2$ Teelöffel
Spice Island Curry Pulver
10 g Butter
20 g Schalotten
4 cl Weißwein
2 dl Creme double
2 cl Noilly Prat
Salz, Pfeffer
Kerbelblätter

Für 4 Personen

Die Austern öffnen, den Saft auffangen und gut filtrieren.

Die Schalotten in der Butter anschwitzen ohne Farbe nehmen zu lassen, Curry einrühren und den Weißwein und Noilly Prat zugeben, etwas einkochen, mit dem Fischfond auffüllen, mit dem Mixstab pürieren und die Suppe durch ein feines Sieb passieren.

Die Creme double, den Austernfond und die passierte Suppe aufkochen, abschmecken, die Austern in der heißen Suppe erhitzen, nicht mehr kochen.

Vor dem Servieren mit Kerbel bestreuen.

Stefan Meuren, Küchenchef
im Brabanter Hof

Salat mit geräucherter Gänsebrust und Steinpilzen

gut 200 g Blattsalate
(Friseé, Radicchio, Feldsalat, Lollo bionda)
100 g geputzte Steinpilze
etwas Butter zum Anschwitzen der Steinpilze
1 kleines Bund Petersilie
1 kleines Bund Schnittlauch
1 fein gehackte Schalotte
4 Eßlöffel guter Wein oder Sherryessig
2 Eßlöffel Walnußöl
Meersalz, fein
frischer schwarzer Pfeffer (aus der Mühle)
120 g geräucherte Gänsebrust

Für 4 Personen

Den gewaschenen und gut abgetrockneten Salat auf einem großen Teller anrichten. Die Vinaigrette herstellen aus der gehackten Petersilie, dem feingeschnittenen Schnittlauch, Essig, Öl, der gehackten Schalotte, Salz und dem frisch gemahlenen Pfeffer.

Die in feine Streifen geschnittenen Steinpilze vorsichtig in der leicht braunen Butter kurz anschwitzen, leicht salzen und sofort aus dem Fett nehmen. Die Vinaigrette über den Salat geben, die Steinpilzstreifchen oben auflegen und die aufgeschnittene Gänsebrust gefällig um den Salat arrangieren.

Pochierter Lammrücken mit feinen Gemüsen

Alle Zutaten in einen großen Topf geben und gut 1 Stunde köcheln lassen, dann abpassieren. Den fett- und sehnenfreien Lammrücken legt man in ein Gemüsebett bestehend aus: 1 großen, in feine Streifen geschnittenen Karotte, 1 Stange geputzten und gewaschenen Porrees, ebenfalls in Streifen geschnitten, Staudensellerie, 3–4 Äste, ebenfalls in Streifen geschnitten, 1 dicken roten Zwiebel, ebenfalls in Streifen geschnitten, 1 roten und 1 grünen Paprikaschote, ebenfalls in Streifen geschnitten.

Nun gießt man den gut abgeschmeckten, reduzierten Lammfond an und läßt den Lammrücken etwa 10–12 Minuten zugedeckt garziehen.

Vor dem Aufschneiden und Anrichten des Lammrückens läßt man das Fleisch etwa 10 Minuten an einem warmen Platz ruhen, damit sich der Fleischsaft im Inneren gleichmäßig verteilen kann.

Bevor man das Gemüse auf dem Teller anrichtet, gibt man noch ein paar Tropfen Olivenöl in den Topf, rührt das Ganze gut durch, gibt das Gemüse auf einen tiefen Teller (mit etwas Fond) und verteilt den aufgeschnittenen Lammrücken auf das Gemüsebett.

Den Lammrücken kann man gegebenenfalls mit etwas grobem Pfeffer und etwas groben Salz bestreuen.

1200 g Lammsattel
(am besten vom Metzger gleich auslösen und die Knochen hacken lassen)

Lammfond:
$^{1}/_{2}$ Glas trockenen Weißwein
1 großes Bouquet garni
(Suppengemüse mit Thymian, Lorbeerlaub, 1 Nelke)
3 Wacholderbeeren
1 Eßlöffel Olivenöl
8–10 Pfefferkörner
Meersalz
die Lammknochen, die Sehnen
1 große Tomate
$1–1^{1}/_{2}$ l Wasser

Für 4 Personen

Cointreau Sabayone mit Früchten

$^{1}/_{4}$ l Weißwein
4 Eigelb
8 cl Cointreau
das Abgeriebene einer Zitronenschale
Früchte je nach Jahreszeit
(man bekommt ja mittlerweile fast alles,
auch im Winter)
z. B.: Erdbeeren – 1 Schale Erdbeeren, 500 g,
gewaschen, geputzt und nach Bedarf gezuckert

Für 4 Personen

Die vorbereiteten Früchte gefällig auf einem Teller arrangieren. Alle Zutaten für die Sabayone in eine große runde Schüssel geben und im heißen Wasserbad solange aufschlagen, bis die Masse dickt. Sofort über die Früchte geben und servieren.

Garniervorschlag: Ein paar gehackte Pistazien oder ein paar Minzblätter.

NACHWORT

Über die Rezepte:
Alle hier vorgestellten Rezepte stammen aus Braunschweiger Familien oder aus handgeschriebenen Kochbüchern dieser Region. Leider konnten nicht alle Rezepte berücksichtigt werden, allen jedoch – den genannten und ungenannten kreativen Köchinnen und Köchen herzlichen Dank. Einiges haben wir aus praktischen Gründen abgewandelt, damit es leichter zum Nachkochen ist. Doch wir waren stets bemüht, auch die Eigenarten der Ausdrucksweise und der formalen Gestaltung beizubehalten.

Über die Fotografien:
Einige Fotos wurden uns ebenfalls mit Rezeptvorschlägen eingesandt, herzlichen Dank dafür.

Von der Familie Dr. Walther Buchler erhielten wir neben wesentlichen Anregungen zur Tischkultur die beeindruckenden Bilder von Käthe Buchler, die in der Zeit von 1901–1918 entstanden sind. Die Fotografin war Mitglied im Roten Kreuz, dem Braunschweiger Frauenverein und gehörte auch dem Allgemeinen Deutschen Frauenverein an. Käthe Buchler, die bereits als junges Mädchen an Schwerhörigkeit litt, sah im Krieg ihre Aufgabe darin, die Vorgänge fotografisch zu dokumentieren. Bodo von Dewitz, der diese Fotografien 1980 anläßlich einer Ausstellung im Städtischen Museum in Braunschweig erläuterte, befand dazu: »Aus heutiger Sicht sind es informationsreiche Bilddokumente einer vergangenen Zeit, in der ein festes Einverständnis nicht nur über die Nutzung des Mediums Fotografie bestanden hat.«

Ute Karen Walter beschäftigt sich als freie Fotografin seit über 20 Jahren mit Porträt- und Menschenfotografie. Für dieses Buch fotografierte sie Stillleben und Bilder, die Stimmungen, Gefühle, Eindrücke und Erlebnisse beschreiben: »Fotografische Bilder sind Licht-Raum-Zeitsegmente. So sind auch meine Bilder scheinbar Bruchstücke, herausgebrochen aus dem Fluß der Zeit, entstanden aus dem Verlangen, die gerade beginnende Vergangenheit zu stoppen, das Vergessen, den Tod. Dabei sind sie aber selbst nichts anderes als Spuren der Zeit – Zeitzeichen.«

BEMERKUNGEN ZUM SCHLUSS

Das kalte Wesen der Deutschen findet seine Erklärung in ihrer Nahrung: Schwarzbrot, Butter, Milch und Bier. Sie trinken indessen Kaffee, aber sie müßten Wein haben, und zwar vom besten, um ihren schwerfälligen Muskeln Lebendigkeit zu verleihen. Sie können nicht leben ohne Frauen. Sie haben viele Kinder. Wenige tragen Hörner. Bemerkenswerte Vertrauensseligkeit. Beweis: die zahlreichen Geldsendungen durch die Post.

Henry Beyle (Stendhal) 1806 in seinem »Tagebuch in Braunschweig«

Ob Stendhal bei diesem Porträt einen bestimmten, gar einen Braunschweiger vor Augen hatte, ist nicht belegt. Sicherlich ist in dieser Region das mediterrane Lebensgefühl weniger ausgeprägt als südlich der Mainlinie. Und doch lassen sich hier in Hülle und Fülle Beweise für Lebenslust und Lebensfreude finden – nicht nur in den Küchen, auch in den Museen, im Theater, in den Geschäften und Cafés. Fast einhundert und neunzig Jahre nach Stendhals bissiger Beschreibung möchte man auch noch den letzten Skeptiker von Braunschweiger »Savoir vivre« überzeugen: Man nehme dazu einen tiefen Einblick in die Gemäldesammlung des Herzog Anton Ulrich-Museums, gewürzt mit einer Prise Shakespeare aus dem Staatstheater, serviert mit Rockmusik aus dem Jolly Joker. Zum Nachtisch dann Till Eulenspiegeleien auf Fürstenbergporzellan. Wohl bekomm's!

VERZEICHNIS DER REZEPTE

Vorspeisen und Salate

Spargel

Suppen

Gemüse- und Kartoffelgerichte

Fisch